예시 글을 바꿔 쓰면 완성!
마법의 초등 글쓰기

완주

50일 바꿔
쓰기

권귀헌 지음

서사원주니어

☆ 들어가며 ☆

이 책에는 50개의 글쓰기를 담았습니다. 휴가를 떠나는 2주를 제외하면 매주 한 편씩 딱 1년 동안 쓸 수 있습니다. 초등학교 3학년 수준에 맞추어 집필했으나 학년 구분 없이 누구나 써도 좋습니다. 따로 공부하지 않아도 충분히 쓸 수 있는 친근하고 일상적인 주제로 구성했기 때문에, 자신의 능력껏 생각하고 쓰면 되거든요.

1일차부터 글을 써도 좋고 순서와 상관없이 마음에 드는 주제부터 시작해도 좋습니다. 주제를 정했다면 먼저 글쓰기 주제를 읽으며 오늘 쓸 내용이 무엇인지 상상합니다. 그다음 왼쪽 페이지의 숫자 옆에 있는 질문을 하나씩 읽고, 머릿속에 떠오르는 답을 오른쪽 페이지에 있는 글쓰기 노트에 씁니다. 답이 바로 떠오르지 않을 때는 시간을 들여 고민하고 생각합니다. 내가 할 수 있는 최선을 다해 자세하게 그러면서도 재미있게 써 봅니다. 기억하세요! 이때 여러분이 가장 똑똑해진답니다.

그럼에도 불구하고 쓰기 어렵거나 막힐 때가 있겠죠? 이때는 왼쪽 페이지의 예시 글을 읽고 아이디어를 얻어 보세요. 다만, 예시 글은 작가 아저씨의 생각이니까 그대로 쓰지 말고, 여러분의 상황에 맞게 바꿔서 써야 해요. 여러분의 경험, 생각, 감정을 쓰는 거예요. 내 이야기로 바꿔 쓰다 보면 어느새 마법처럼 글 한 편이 완성되어 있을 거예요. 다 쓴 뒤에는 처음부터 천천히 읽어 보면서 틀렸거나 매끄럽지 않은 부분을 고칩니다. 글쓰기를 마치면 가족에게 읽어 주고 대화도 나눠 보세요.

무엇보다도 꾸준히 쓰는 게 중요합니다. 글쓰기를 숙제나 공부라고 생각하면 지루하고 답답하겠죠? 하루아침에 뚝딱뚝딱 끝내는 것보다, 매주 한 편씩 1년 동안 쓰는 것을 추천합니다. 부디 이 책이 여러분 마음대로 쓸 수 있는 곳, 내가 느끼고 생각하는 것을 자유롭게 펼칠 수 있는 그런 공간이 되면 좋겠어요. 그래서 글쓰기가 습관이 된다면 바랄 게 없겠습니다.

글선생 권 귀 헌

☆ 이 책의 특징과 활용법 ☆

오늘의 글쓰기 주제입니다. 순서와 상관없이 마음에 드는 주제를 먼저 골라 써도 좋아요.

글쓰기 한 날짜를 써요.

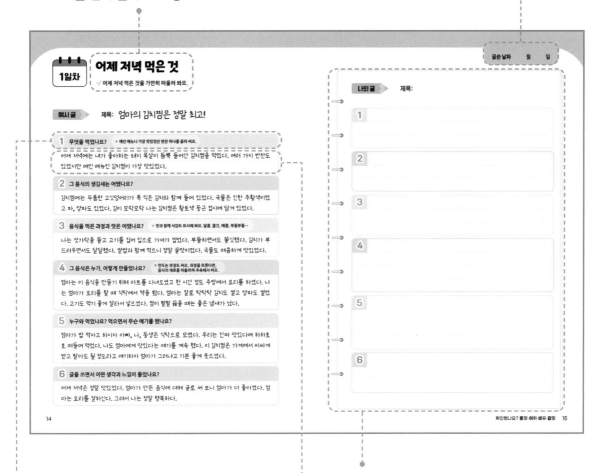

1 질문 읽기

주제에 관해 다양한 방식으로 쪼개 생각해 보고 쓸 수 있도록 유도하는 질문들입니다. 어떻게 쓸지 막막할 때는 작은 글씨의 '글쓰기 가이드'를 읽어 보세요. 보다 자세하고 풍부하게 쓸 수 있어요.

2 내 글 쓰기

왼쪽 페이지의 질문에 대한 답을 같은 숫자 칸에 써요. 내 경험과 생각, 감정을 담아서 써 보세요.

3 예시 글 읽기

쓰기 어려울 때는 예시 글을 보고 아이디어를 얻어요. 단, 똑같이 쓰면 안 돼요!

☆ 차례 ☆

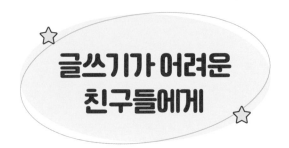

글쓰기가 어려운 친구들에게

글쓰기, 도대체 뭘까?

글쓰기는 이야기를 글로 옮기는 것입니다. 그 이야기는 내 생각이나 감정, 혹은 경험일 수도 있고, 다른 누군가의 이야기일 수도 있습니다. 때로는 세상에 없던 이야기를 상상으로 만들어 낼 수도 있어요. 엄마나 친구에게 수도꼭지가 열린 듯 말을 쏟아 내 본 그런 경험이 있지요? 글쓰기도 그런 대화와 똑같아요. 글로 썼을 뿐, 결국은 내가 하고 싶은 말을 하는 것이니까요!

배꼽 빠질 정도로 웃겼던 일이나 너무 속상해 기억에서 지우고 싶었던 일 모두 글로 쓸 수 있습니다. 사랑하는 반려견과 함께 무인도를 탐험하는 상상도 글로 쓰면 두 배로 재미있지요. 숙제가 많아서 너무 힘든 마음도 글로 표현할 수 있어요. 그 글을 읽은 선생님이 공감을 하면 숙제가 줄어들지도 몰라요. 글쓰기는 행복한 상상이며, 즐거운 대화입니다.

나는 글을 쓸 필요가 없다?

많은 사람들이 소설가 같은 작가만 글을 쓴다고 생각합니다. 어른은 물론이고 초등학생들도 같은 생각을 하지요. '나는 운동을 할 거라서', '가수가 꿈이라서', 또는 수학과 과학에 적성이 있기 때문에 국어 과목에 해당하는 글쓰기는 필요가 없다고 해요. 과연 그럴까요?

어떤 직업을 가지든 누구나 글을 써야 합니다. 앞에서 얘기했듯이 글쓰기는 행복한 상상이고 즐거운 대화니까요! 또, 나이가 들수록 내 생각을 글로 표현할 일이 많아집니다. 인기 가수 장윤정도, 축구 선수 손흥민도, 평생 수학을 연구한 서울대학교 최영기 교수님도 글을 쓰고 자신의 이름으로 책을 출간했습니다. 글을 쓰면 더 많은 사람에게 내 생각을 알릴 수 있습니다!

글을 쓰면 뭐가 좋아요?

우선 표현이 정확해지고 다채로워집니다. 글은 아무런 노력 없이도 쓸 수 있을 것 같지만, 처음에는 한 문장만 써도 틀린 부분이 나옵니다. 당연히 내용이 제대로 전달되지 않겠죠? 적지 않은 사람들이 그게 부끄러워서 글쓰기를 피하고, 그 결과 점점 더 글을 못 쓰게 됩니다. 하지만 제대로 쓰려고 노력하다 보면 표현이 정확해지고 다양해집니다. 점점 생생해지고 이해도 잘 됩니다.

또, 글을 쓰면 생각이 깊어집니다. 즉, 똑똑해집니다. 우리는 글을 쓰면서 그전에는 생각하지 않았던 것들에 대해 고민합니다. 나의 시선이 아닌 다른 사람의 입장에서도 따져 보고, 남들이 예상하지 못한 기발한 아이디어를 떠올리기도 하죠. 운동을 하며 체력을 키우듯, 글을 쓰며 생각을 키우는 겁니다. 글을 쓰는 일 자체가 우리의 생각을 풍부하고 깊게 만들어 줍니다.

글쓰기, 이렇게 시작하자!

처음 글을 쓸 때 가장 큰 고민은 '무엇을 쓸지 모르겠다'는 겁니다. 여러분, 보이는 것부터 써 보세요. 내 생활 속에서 자주 마주치는 것들에 대해 쓰는 거죠. 장난감이나 책상, 필통은 어때요? 어떻게 생겼는지, 촉감은 어떤지, 언제부터 사용했는지, 마음에 드는 점과 아쉬운 점은 뭔지, 그걸 처음 갖게 됐을 때 내 마음은 어땠는지에 대해 써 보는 거예요. 아니면 거울을 보며 내 얼굴이 어떻게 생겼는지 관찰해 보세요. 눈, 코, 입의 생김새가 어떤지, 피부와 머리카락은 어떤지 자세히 보고 글로 써 보세요.

좋았던 경험을 글로 써 보는 것도 좋아요. 맛있는 음식을 먹은 날을 떠올려 볼까요? 그날은 무슨 날이었는지, 어디에서 무엇을 먹었는지, 음식의 생김새나 냄새, 그리고 맛을 써 보세요. 대충 간단하게 쓰지 말고 마치 지금 그 장소로 다시 돌아가 있는 것처럼 자세하게 표현해 보세요. 내 글을 읽는 사람도 나와 똑같은 기분을 느끼도록 실감나게 써 보는 겁니다. 그러다 보면 한 줄, 두 줄, 어느새 글을 술술 쓰고 있을 거예요.

문장·어휘·비유·감정

글을 쓰기 전에 꼭 알아 두어야 할 팁 네 가지!
글을 쓴 뒤에는 쓴 글을 꼭 두 번 읽어 보세요.
그리고 '문장, 어휘, 비유, 감정'을 제대로 썼는지 점검하세요.

1. 문장은 정확한가?

우리는 생각과 감정을 전달하기 위해 글을 씁니다. 그러므로 글을 이루는 문장이 정확하지 않다면 내용이 제대로 전달될 수 없습니다. 틀린 문장이 자꾸만 눈에 띄면 아무리 좋은 글이라고 해도 읽는 사람은 흥미를 잃기 쉽습니다. 문장부터 정확하게 쓰는 게 중요합니다.

✔ 예를 들면, 이런 문장은 고쳐야 해요!

○ **슬픈 책을 읽고 언제는 울었다.**

➡ 무슨 말을 하려는 건지 정확하지 않아요! 아래처럼 고쳐야 해요.

수정 슬픈 책을 읽고 운 적이 있다.

○ **내 꿈은 전 세계를 여행하며 음식을 먹고 싶다.**

➡ 밑줄 친 두 곳이 서로 문법에 안 맞아요. ① 또는 ②처럼 고쳐야 해요.

수정 ① 나는 **전 세계를 여행하며 음식을** 먹고 싶다.

② 내 꿈은 **전 세계를 여행하며 음식을** 먹는 것이다.

✏ 글을 쓴 뒤에는 문장을 올바르게 썼는지 꼭 두 번 읽어 보세요.

2. 어휘는 다양한가?

같은 어휘가 반복되면 지루하고 재미가 없습니다. 여러 가지 어휘를 활용하면 훨씬 더 풍부하고 다채로운 표현이 가능해집니다. 뿐만 아니라 문장도 더 정확해집니다. 한 편의 글 속에 같은 어휘를 여러 번 썼다면, 같거나 비슷한 뜻의 다른 어휘로 바꿔 주세요.

✓ 예를 들면, 이런 문장은 고쳐야 해요!

○ 갈비가 맛있었다. 김치도 맛있었고 해물 파전도 맛있었다.

➡ '맛있었다'는 어휘가 반복되고 있어요. 다양한 어휘로 다르게 표현해 주세요.

수정 갈비가 맛있었다. 김치는 시원했고 해물 파전은 바삭했다.

○ 수학이 좋다. 계산도 좋고 도형이나 그래프 그리는 것도 좋다.

➡ '좋다'는 어휘를 다른 어휘로 바꾸면 표현이 더 다채로워집니다.

수정 수학이 좋다. 계산도 재미있고 도형이나 그래프 그리는 것도 흥미롭다.

✏ 글을 쓴 뒤에는 같은 어휘를 반복해서 쓰지 않았는지 꼭 두 번 읽어 보세요.

3. 비유는 참신한가?

'보름달처럼 환한 미소', '호랑이처럼 무서운 표정'……. 이런 표현을 본 적 있지요? 바로 비유입니다. 좋은 글에는 반드시 비유가 들어 있어요. 여러분의 글에도 꼭 비유를 담아 주세요. 대신 어디에서도 본 적 없는 나만의 참신하고 새로운 비유를 만들면 좋겠어요!

✔ 평범한 문장도 비유를 쓰면 내용이 더 잘 전해져요.

○ 학교 가는 길은 시원하고 평화롭다.

➡ 얼마나 시원하고 평화로운지 상상이 잘 안 됩니다. 비유를 써 봐요!

수정 학교 가는 길은 얼음 통로를 걷는 것처럼 **시원하다.**

학교 가는 길은 따뜻한 햇살이 내려오는 산책로 같다.

○ 어제는 숙제가 너무 많아서 힘들었다.

➡ 이렇게 표현하면 얼마나 힘들었는지 제대로 전달이 안 돼요. 비유를 써 봐요!

수정 어제는 숙제가 많아 마라톤을 달리고 온 것처럼 **힘들었다.**

어제는 숙제가 많아 머리에 돌덩이를 올려놓은 것 같았다.

✏ 글을 쓸 때, 딱 맞는 비유를 찾아서 써 보세요. 아주 재미있어요!

4. 감정은 생생한가?

글에는 감정이 잘 담겨야 합니다. 자신의 감정을 생생하게 문장으로 표현할 때, 그 글을 읽은 사람이 글 쓴 사람의 이야기에 공감하고 고개를 끄덕이게 됩니다. 그래서 감정을 제대로 전달할 수 있도록 그 순간의 '행동'과 '생각'을 함께 써야 합니다.

✔ 감정만 쓰지 말고 행동과 생각을 같이 써 주세요.

○ 어젯밤, 천둥과 번개가 내리쳐서 무서웠다.

➡ 무서웠다는 감정이 잘 드러나게 그 순간의 행동이나 생각을 더 써 볼까요?

(수정) 어젯밤, 천둥과 번개가 내리쳐서 무서웠다. (행동) 나는 눈을 꼭 감고 몸을 웅크렸다. (생각) 엄마랑 같이 잘까 고민했다.

○ 어제는 숙제가 많아 하루 종일 머리에 돌덩이를 올려놓은 것 같았다.

➡ 아주 멋진 표현입니다. 여기에 행동과 생각을 추가해서 써 보세요.

(수정) 어제는 숙제가 많아 머리에 돌덩이를 올려놓은 것 같았다. (행동) 나는 멍한 표정으로 책상에 앉아 있었다. (생각) 숙제를 대신 해 주는 기계가 있으면 좋겠다고 생각했다.

✏ 글 속에 행동과 생각을 나타내는 문장이 있는지 **꼭 확인하세요.**

50일 완주

지금부터
**"예시 글을 바꿔 쓰면
내 글이 되는"**

마법의 바꿔 쓰기 시작!

어제 저녁 먹은 것

✔ 어제 저녁 먹은 것을 가만히 떠올려 봐요.

예시 글 ▶ 제목: 엄마의 김치찜은 정말 최고!

1 무엇을 먹었나요? ● 메인 메뉴나 가장 맛있었던 반찬 하나를 골라 써요.

어제 저녁에는 내가 좋아하는 돼지 목살이 듬뿍 들어간 김치찜을 먹었다. 여러 가지 반찬도 있었지만 메인 메뉴인 김치찜이 가장 맛있었다.

2 그 음식의 생김새는 어땠나요?

김치찜에는 두툼한 고깃덩어리가 푹 익은 김치와 함께 들어 있었다. 국물은 진한 주황색이었고 파, 양파도 있었다. 김이 모락모락 나는 김치찜은 황토색 둥근 접시에 담겨 있었다.

3 음식을 먹은 과정과 맛은 어땠나요? ● 맛과 함께 식감도 묘사해 봐요. 달콤, 매콤, 쫄깃 등

나는 젓가락을 들고 고기를 집어 입으로 가져가 씹었다. 부들하면서도 쫄깃했다. 김치가 부드러우면서도 달달했다. 쌀밥과 함께 먹으니 정말 꿀맛이었다. 국물도 매콤하게 맛있었다.

4 그 음식은 누가, 어떻게 만들었나요? ● 만드는 과정도 써요. 과정을 모른다면, 음식의 재료를 떠올리며 추측해서 써요.

엄마는 이 음식을 만들기 위해 마트를 다녀오셨고 한 시간 정도 주방에서 요리를 하셨다. 나는 엄마가 요리를 할 때 식탁에서 책을 봤다. 엄마는 칼로 탁탁탁 김치도 썰고 양파도 썰었다. 고기도 먹기 좋게 잘라서 넣으셨다. 찜이 펄펄 끓을 때는 좋은 냄새가 났다.

5 누구와 먹었나요? 먹으면서 무슨 얘기를 했나요?

엄마가 밥 먹자고 하시자 아빠, 나, 동생은 식탁으로 모였다. 우리는 진짜 맛있다며 하하호호 떠들며 먹었다. 나도 엄마에게 맛있다는 얘기를 계속 했다. 이 김치찜은 가게에서 비싸게 받고 팔아도 될 정도라고 얘기하자 엄마는 한참 동안 기분 좋게 웃으셨다.

6 글을 쓰면서 어떤 생각과 느낌이 들었나요?

어제 저녁은 정말 맛있었다. 엄마가 만든 음식에 대해 글로 써 보니 엄마가 더 좋아졌다. 엄마는 요리를 잘하신다. 그래서 나는 정말 행복하다.

나의 글 ▶   제목:

1

2

3

4

5

6

2일차 귀를 기울여 보니

✔ 가만히 눈을 감고 들리는 소리에 귀를 기울여 봐요.

예시글 ▶ 제목: 눈을 감으니 들린 것

1 가만히 눈을 감고 들리는 소리에 집중해요. 어떤 소리가 들리나요?

눈을 감고 있으니 종이를 촤락 촤락 넘기는 소리가 들린다.

2 이 소리는 어디에서 났나요? 왜 났을까요? 추측해서 써요.

거실에서 들리는데 아마도 엄마가 책을 읽거나 무언가를 정리하고 계시는 것 같다.

3 이 소리는 마치 무엇과 비슷한가요?

종이끼리 부딪치며 나는 소리가 꼭 빗자루로 싹싹 바닥을 쓰는 소리 같기도 하고, 비닐이 부스럭거리는 소리 같기도 하다. 시험 보는 날 시험지 넘기는 소리도 생각난다.

4 소리를 들었을 때 어떤 느낌이 들었나요? ● 예 따뜻하다, 무섭다, 편하다 등

소리를 듣고 있으니 집에 나 혼자 있는 게 아니라는 느낌이 들어서 안심이 된다. 또 엄마가 거실에 계시다는 생각을 하니 기분이 좋다. 그리고 비슷한 소리가 계속 들리니까 마음이 편안해지는 것 같다. 괜히 잠이 오는 것 같기도 하다.

5 또 다른 소리를 더 찾아서 위와 같은 방법으로 써요.

다시 귀를 기울이니 이번에는 창밖에서 누군가가 "야!" 하고 다른 누군가를 부르는 소리도 들린다. 아주 크게 소리를 질렀는데 그 사람은 못 들었나 보다. 다시 더 큰 소리로 "야! 허윤서!" 하고 이름을 불렀다. 내다보니 아마 학원에 같이 가자며 친구를 불렀던 것 같다. 두 친구는 다행히 만났다. 둘 사이가 아주 친해 보였다. 서로 장난도 치면서 깔깔 웃었다. 그 모습을 보니 나도 친구를 만나고 싶어졌다.

6 글을 쓰면서 어떤 생각과 느낌이 들었나요?

귀를 기울여 보니 평소에는 그냥 지나쳤을 소리가 새롭게 들린다. 마음도 편해지고 또 기분이 좋아진다. 처음 듣는 소리는 반갑고, 익숙하던 소리는 왠지 색다르게 들렸다.

나의 글   제목:

1

2

3

4

5

6

내가 좋아하는 동물

3일차

✔ 평소에 좋아하는 동물을 떠올려 봐요.

친구의 글을
읽어 보세요!
115쪽

예시 글 ▶ 제목: 내가 좋아하는 동물, 소

---

1 어떤 동물을 좋아하나요? 그 동물의 좋은 점을 써요.

내가 좋아하는 동물은 '소'다. 소는 덩치도 크고 걸음걸이도 당당하며 보고 있으면 듬직하다. 울음소리 또한 나지막하면서도 우렁차서 멋지다. 무엇보다도 힘이 세다.

---

2 그 동물은 어떻게 생겼나요?　●'~처럼', '~ 같은' 등의 비유를 사용해서 자세히 묘사해요.

소는 내 곰 인형처럼 짙은 갈색 털로 덮여 있다. 머리에는 멋진 뿔이 좌우로 나 있고 그 아래로 어린 아기처럼 착하게 생긴 동그란 눈이 있다. 몸이 전체적으로 근육질인데 걸을 때마다 다리 근육 움직이는 게 잘 보일 정도이다. 특히 목덜미가 두툼해서 목 힘이 아주 세 보인다.

---

3 그 동물에 대해 내가 알고 있는 사실을 써요.

소는 초식동물인데 엄청나게 많은 풀을 먹는다고 한다. 위가 네 개나 되고 되새김질을 하기 때문에 밥을 다 먹은 뒤에도 뭔가를 계속 씹고 있다. 소의 새끼를 송아지라고 부르는데, 송아지는 태어나자마자 바로 일어서서 걸을 수 있다.

---

4 그 동물과 관련해 기억에 남는 일을 써요.　●처음 직접 본 경험, 함께 했던 순간 등

소를 처음 본 건 유치원 때 같다. 할머니 댁에 갔을 때 쇠죽을 먹는 소를 본 기억이 난다. 쇠죽 냄새가 구수했다. 소 머리를 몇 번 쓰다듬었다. 털이 거칠었지만 생각보다 부드러웠다.

---

5 그 동물과 대화한다면 무엇을 물어볼 건가요? 동물은 뭐라고 답할까요?

만약 소와 대화를 할 수 있다면 "지금 무슨 생각하니?"라고 물어볼 것이다. 소는 하루 종일 같은 자리에서 풀만 씹고 있으니, '너무 지루하다'고 대답하지 않을까? 아니면 '우리 밖으로 나가고 싶다'고 할지도 모른다. 그러면 마음이 아플 것 같다.

---

6 글을 쓰면서 어떤 생각과 느낌이 들었나요?

소에 대해 써 보니 소가 더 사랑스럽게 느껴진다. 이제는 소를 볼 일이 없어서 아쉽다.

나의 글 제목:

1

2

3

4

5

6

4일차

내 소중한 단짝

✔ 나와 가장 친한 사람, 내 단짝을 떠올려 봐요.

친구의 글을 읽어 보세요! 116쪽

예시 글 ▶ 제목: 내 영원한 단짝, 우리 아빠

1 나의 단짝은 누구인가요?

나의 단짝은 바로 이 세상에 딱 하나뿐인, 내가 가장 사랑하는 아빠이다.

2 단짝은 어떤 사람인가요? ● 얼굴, 생김새, 옷차림 등 전체적인 외모, 하는 일, 성격, 취미, 특기 등

아빠는 눈과 코가 큼직하고 덩치가 커서 약간 곰 같다. 검은색 테 안경을 쓰고 있는데 안경을 벗은 모습은 좀 별로다. 글을 쓰는 작가라서 그런지 대부분 컴퓨터 앞에 앉아 있다. 성격은 조용한 편이지만 무서울 때도 있다. 목소리가 굵고 크다. 나랑 집에서 탁구도 치고, 자전거를 타러 같이 나가기도 한다. 요리는 잘 못하는데, 볶음밥을 자주 만들어 주신다.

3 단짝의 어떤 점이 좋은가요?

아빠의 좋은 점은 많다. 우선 어릴 때는 어린이집에, 지금은 학교에 항상 아빠가 데려다 주신다. 또 아빠는 냄새도 좋고 덩치가 커서 매달리기 편하다. 아는 것도 많아서 궁금한 것을 질문하면 재미있게 알려 주신다. 갖고 싶은 것도 잘 사 주시는 편이다. 특히 생일이나 크리스마스 때는 내가 원하는 걸 꼭 선물해 주시는 게 너무 좋다.

4 최근 단짝과 함께 한 일 중 기억에 남는 것을 자세히 써요.

최근에는 엄마 없이 아빠, 나, 언니 이렇게 셋이 강원도 속초로 여행을 갔다. 양떼 목장도 가고 바닷가도 갔다. 바람이 많이 불어서 쌀쌀했는데 아빠가 점퍼로 나를 꽁꽁 감싸 주셔서 따뜻하게 돌아다녔다. 맛있는 것도 많이 먹고 늦은 밤까지 TV를 보면서 놀았다. 잘 때 아빠가 우리에게 양팔로 팔베개도 해 주셨다.

5 단짝을 생각하면 어떤 생각과 느낌이 드나요?

나의 단짝 아빠를 생각하면 기분이 좋다. 아빠는 엄할 때도 있지만 나한테는 장난도 잘 치고 재미있는 퀴즈도 많이 내 준다. 나는 커다란 곰처럼 포근한 아빠를 세상에서 제일 사랑한다. 오래오래 아빠와 친구처럼 지낼 수 있으면 좋겠다.

나의 글   제목:

1

2

3

4

5

내가 좋아하는 장난감

☑ 내가 가장 좋아하고 아끼는 장난감이나 인형을 떠올려 봐요.

친구의 글을
읽어 보세요!
117쪽

예시 글 ▶ 제목: 나의 최애 장난감, 마구야구왕!

---

1 어떤 물건인가요? 언제 어떻게 갖게 되었나요?

나는 마구야구왕 장난감을 가장 좋아한다. 이건 지난 주말에 엄마가 사 주셨는데 마트에 함께 가서 내가 직접 골랐다.

---

2 이것을 갖게 된 날, 그 순간의 기분에 대해 자세히 써요.

토요일에 공부를 다 하고 동생이랑 보드게임을 하고 있는데 엄마가 갑자기 공부하느라고 고생했다며 오늘 갖고 싶은 걸 사 주시겠다고 하셨다. 그래서 함께 마트에 가서 이 장난감을 산 거다. 전혀 생각하지 않았던 선물이라 날아갈 듯이 기뻤다. 엄마를 꼭 안고 뽀뽀도 했다.

---

3 이것의 특징을 최대한 구체적으로 써요. ● 생김새, 기능, 가지고 노는 방법 등

이건 녹색이고 실제 야구장처럼 생겼다. 그 안에 작은 피규어 선수가 있고 쇠구슬을 야구공처럼 던지고 치면서 야구 시합을 할 수 있다. 손잡이를 당겼다 놓으면 스프링 때문에 쇠구슬이 날아간다. 타자도 손잡이를 당겼다 놓으면 방망이를 휘두른다. 관중석 뒤엔 점수판도 있다.

---

4 최근에는 언제 가지고 놀았나요? 누구와, 어떻게 놀았나요?

오늘도 학교 끝나고 동생이랑 같이 가지고 놀았다. 동생은 방망이를 휘두르는 타이밍을 잘 못 잡는다. 공이 지나가고 나서 한참 있다가 방망이가 돌아간다. 그래서 좀 봐주었다.

---

5 이것의 어떤 점이 특히 마음에 드나요?

마구야구왕은 스릴이 넘쳐서 좋다. 누가 이길지 전혀 알 수가 없다. 그래서 가지고 놀면 아주 신이 난다. 특히 아빠와 할 때는 해설 위원처럼 중계도 해 주셔서 훨씬 더 재밌다.

---

6 글을 쓰면서 어떤 생각과 느낌이 들었나요?

이렇게 글을 쓰니 이 장난감이 있어서 너무 행복하고 기쁘다는 생각이 든다. 지금 책상 옆에 마구야구왕이 있는데, 보고 있으니 얼른 또 가지고 놀고 싶다.

나의 글   제목:

1

2

3

4

5

6

6일차 내 얼굴 관찰기

✔ 거울을 보고 내 얼굴을 자세히 관찰해 봐요.

★★★★★
★★★★★★
★★★★
친구의 글을
읽어 보세요!
118쪽

예시 글 ▶ 제목: 나의 얼굴

1 내 얼굴은 어떻게 생겼나요? ● 눈, 속눈썹, 눈동자, 코, 입술, 볼, 턱, 귀 등을 구석구석 보고 써요.

책상에 앉아 거울로 내 얼굴을 봤다. 자세히 보니 참 멋있다. 얼굴이 전체적으로 길쭉하다. 눈은 반짝반짝거리고 속눈썹이 길다. 코는 큼직하고 콧대가 높다. 코뿔소도 울고 갈 정도이다. 볼살을 만졌더니 반질반질 매끈하다. 점 다섯 개가 얼굴 여기저기 있다. 귀는 딱딱한데 생각보다 잘 구부러지고 촉감이 좋다. 입술은 두툼하고 빨간색이다.

2 내 얼굴에서 어떤 부분이 가장 마음에 드나요?

나는 내 얼굴 중에서도 눈썹이 참 마음에 든다. 눈썹만 보면 정말 잘 생겼다. 영화나 만화를 보면 멋진 주인공의 눈썹은 다 두툼하고 짙은데, 내 눈썹이 그렇게 생겨서 좀 멋있는 것 같다.

3 내 얼굴에서 마음에 들지 않는 부분은 어디인가요?

반면 코는 맘에 안 든다. 코가 커서 어릴 때부터 친구들이 많이 놀렸다. 이제는 괜찮지만 그래도 아쉬운 곳을 하나 골라야 한다면 코다. 조금만 작았으면 좋았을 것 같다. 또, 피부가 잘 타서 좀 까무잡잡한 편이다. 잘 타지 않는 흰 피부였다면 좋았을 것이다.

4 부모님은 내 얼굴을 어떻게 생각할까요?

우리 부모님은 내가 세상에서 제일 잘 생겼다고 생각하신다. 엄마는 어릴 때부터 매일 내가 귀엽다고 칭찬해 주시고 뽀뽀를 해 주셨다. 특히 입술 위에 있는 작은 점이 엄마랑 똑같다고 좋아하신다. 아빠는 늘 쌍커풀이 있고 큰 내 눈이 아빠를 닮아 멋진 거라고 말씀하신다.

5 내 얼굴을 관찰하고 글을 쓰면서 어떤 생각과 느낌이 들었나요?

내 얼굴을 자세히 보고 있으니 마음이 편해진다. 이렇게 자세하게 본 적이 없어서 처음에는 조금 이상했는데 자꾸 보니 좋았다. 하지만 한 군데만 계속 보고 있으니 약간 어색한 기분도 들었다. 앞으로는 하루에 다섯 번 정도 얼굴을 봐야겠다. 보면 볼수록 더 좋아질 것 같다.

나의 글 　　　　제목:

1

2

3

4

5

7일차 누구를 닮았을까

✔ 나는 부모님과 어떤 점이 닮았는지 생각해 봐요.

예시 글 제목: 엄마와 아빠를 반반 닮은 나!

1 부모님과 나의 외모를 비교해서 써요. ● 얼굴, 눈, 코, 입, 피부, 키, 덩치, 손과 발 모양 등

내 얼굴 생김새는 아빠와 아주 똑같다. 곱슬머리, 뾰족한 얼굴형, 동글동글한 눈이 아빠를 그대로 옮겨 놓은 것 같다. 특히 코 모양은 아빠와 내 것을 구분하기 힘들 정도로 똑같이 생겼다. 큰 키, 긴 팔과 다리도 아빠와 닮았다. 엄마는 좀 작기 때문이다. 그런데 손이랑 손가락 모양은 엄마와 비슷하다. 그리고 얼굴에 점이 많은 것도 엄마를 닮은 것 같다.

2 부모님과 나의 행동, 습관을 비교해서 써요. ● 예 느릿느릿 천천히 움직인다, 말을 빨리 많이 한다 등

행동은 엄마를 많이 닮았다. 느릿느릿하고 서두르지 않는 편이다. 밥도 천천히 꼭꼭 씹어서 먹고 물도 조금씩 자주 마신다. 급한 일이 아니면 말도 천천히 조용하게 한다. 물론 친구들과 수다를 떨 때는 마치 랩을 하는 것처럼 빠르게 말하기도 한다.

3 부모님과 나의 성격을 비교해서 써요. ● 예 잘 삐진다, 웃음이 많다 등

성격도 엄마를 닮아 긍정적인 편이다. 나쁜 일도 좋게 생각하려고 한다. 나와 동생이 뭔가 잘못해도 엄마는 크게 화를 안 내신다. 얘기를 다 들어주신다. 아빠는 완전히 반대다. 일단 불처럼 화를 내신다. 그래서 화를 잘 내지 않는 나는 성격도 엄마와 비슷한 것 같다.

4 부모님과 내가 좋아하거나 싫어하는 것, 취미나 특기를 비교해서 써요.

반면 좋아하는 TV 프로그램이나 취미는 아빠와 같다. 나는 동물 관련 프로그램을 좋아하는데 아빠도 그렇다. <동물 농장>을 빠짐없이 챙겨 보고, 유튜브로 귀여운 동물 영상을 같이 보기도 한다. 또 아빠랑 나는 배드민턴 치는 것도 좋아한다. 주말이면 자주 아빠와 배드민턴을 치러 집 근처 공원으로 나가곤 한다.

5 글을 쓰면서 어떤 생각과 느낌이 들었나요?

이렇게 써 보니 나는 엄마와 아빠를 꼭 반반씩 닮은 것 같다. 그리고 역시 엄마, 아빠의 친딸이 맞구나 하는 생각이 들었다.

나의 글   제목:

1

2

3

4

5

내 머릿속 음식은?

8일차

✔ 머릿속으로 생각나는 음식 하나를 떠올려 봐요.

예시 글 ▶▶ 제목: 이 음식은 무엇일까요

---

1 이 음식의 생김새는 어떤가요? ● 모양, 색깔, 크기 등

이 음식은 한국에서 태어났어요. 생긴 건 좀 귀엽습니다. 그리고 아주 부드러워요. 부들부들 하고 말랑말랑해서 젤리로 된 방망이 같습니다. 손가락 크기랑 비슷하고 색은 빨개요.

2 이 음식의 맛과 냄새는 어떤가요? ● 촉감, 식감, 씹을 때 나는 소리 등

냄새는 아주 좋아요. 달콤하면서 약간 매운 향도 납니다. 깨를 뿌렸다면 고소한 냄새도 나 겠죠? 맛은 매콤하면서도 달짝지근합니다. 쫄깃해서 씹는 느낌도 아주 좋아요.

3 이 음식의 재료는 무엇이고, 어떻게 만드나요?

이 음식은 쌀로 만듭니다. 더 정확하게 말하자면 쌀로 만들어진 떡으로 만듭니다. 어묵이나 양배추, 양파, 파 같은 채소도 들어갑니다. 치즈, 라면, 당면, 소시지처럼 다양한 재료를 함께 넣어서 만들어요. 미리 만든 양념을 끓인 뒤에 재료를 넣고 볶아서 먹습니다.

4 이 음식은 보통 어디에서 먹을 수 있고, 얼마에 판매하나요?

보통 분식점에서 쉽게 먹을 수 있습니다. 한 접시에 3~5천 원 정도 해요. 집에서 배달해서 먹 기도 하는데 이럴 때는 큰 그릇에 많이 담겨 오고 값도 비쌉니다.

5 이 음식과 찰떡궁합인 다른 음식이 있나요?

이것을 먹을 때는 순대와 튀김을 함께 먹습니다. 그래서 세트 메뉴로 파는 곳이 많아요. 김밥 이랑 같이 먹어도 좋아요. 저는 잘 먹지 않지만 반찬으로는 단무지가 나옵니다.

6 이 음식의 이름을 공개하고, 가장 최근에 먹은 경험을 써요.

이 음식의 이름은? 네! 바로 떡볶이입니다. 저는 지난 일요일 점심에도 먹었어요. 배달을 시켰 는데, 그날따라 떡이 엄청 쫄깃해서 어금니로 꼭꼭 씹으며 맛있게 먹었습니다. 매워서 동생 과 저는 물을 엄청 마셨지만 맛은 최고였어요!

나의 글   제목:

1

2

3

4

5

6

9일차 **최고의 식사**

✔ 기억 속 가장 근사했던 식사를 떠올려 봐요.

친구의 글을
읽어 보세요!
119쪽

예시 글 ▶▶ 제목: 입안에서 고기가 춤춘 날

1 언제, 어디에서, 누구와 무엇을 먹었나요?

지난 일요일, 우리 가족은 고깃집에 갔다. 할머니, 할아버지, 그리고 엄마, 아빠와 우리 3남매 이렇게 일곱 명이 갔다. 오랜만에 가는 고깃집이라 기분이 좋아 콧노래가 나왔다.

2 어떤 자리였나요?   ● 예 축하 자리, 행사, 가족 모임 등

그날 식사는 오빠의 생일 축하 자리였다. 오빠는 올해 13살이 되었다. 그래서 오빠가 제일 좋아하는 한우를 먹기 위해 고깃집에 간 것이다. 오빠는 선물로 옷과 운동화도 받았다.

3 식사 자리의 분위기는 어땠나요?   ● 함께 있던 사람들의 반응, 주변 소리, 다른 사람들의 반응 등

식사 자리는 웃음이 가득했다. 동생이 짜장면 먹고 싶다고 떼를 써서 분위기가 나빠질 뻔했는데, 다들 금방 기분이 좋아졌다. 다른 손님들도 모두 즐겁게 떠들고 있었다.

4 식사 전 음식을 본 느낌은 어땠나요?   ● 음식의 종류, 생김새, 향 등

기다렸던 음식이 나왔다. 두툼하고 색이 빨간 고기 다섯 덩어리가 접시에 예쁘게 놓여 있었다. 반질반질 윤이 나는 잡채도 나왔고, 새콤달콤한 과일 샐러드도 있었다. 그중에서도 나는 뜨거운 돌판에 지글지글 구워져 나온 달콤한 콘치즈가 참 좋았다.

5 음식을 먹은 과정을 순서대로 자세히 써요.

아빠가 집게를 들고 고기를 불판 위에 하나씩 올려 치익치익 구웠다. 우리는 고기가 익는 대로 얼른 소금을 찍어 입에 넣었다. 부드럽게 씹히는 맛이 정말 좋았다. 신선한 상추에 싸서 한 입, 고소한 쌈장을 찍어 한 입 먹다 보니 금세 배가 불렀다.

6 그 식사를 떠올리면서 어떤 생각과 느낌이 들었나요?

그날을 생각하니 기분이 좋아진다. 다시 그날로 돌아가 맛있는 고기를 먹고 싶다. 우리 가족 모두 즐거웠던 것도 참 좋은 추억이다.

나의 글 제목:

1

2

3

4

5

6

강아지의 일기

✔ 내가 강아지라고 상상해 봐요.

예시글 ▶ 제목: 집으로 돌아갈래!

1 내가 강아지라고 생각하고 소개해 봐요.
● 몇 살이고, 어떻게 생겼나요?
어디에서 누구와 살고 있나요?

나는 강아지다. 나이는 아홉 살이고, 이름은 솜이다. 하얗고 부드러운 털이 꼭 솜 같아서 엄마가 지어 준 이름이다. 나는 화목한 가족들과 함께 정든 집에서 사랑을 듬뿍 받으며 살고 있다. 지난 주 내 생일에는 가족 모두 축하 노래도 불러 주었다. 나는 정말 행복하다.

2 어느 날 산책을 하다가 길을 잃어버린 상황을 써요.
● 왜 길을 잃어버렸을지 상상해서 써요.

그런데 오늘, 산책을 하다가 길을 잃었다. 걷다가 우연히 먹음직스러운 뼈다귀를 발견한 거다. 바로 그게 문제였다. 평소에 길거리에서 아무거나 주워 먹지 말라던 아빠 말을 들었어야 했는데……. 뼈다귀에 정신이 팔려 큰길을 벗어났더니, 아빠가 보이지 않았다.

3 주어진 표현에 알맞게 이야기를 이어서 써요.

하지만 그럼에도 불구하고 나는 뼈다귀를 입에 물었다. 맛이 기가 막혔다. 달달하고 고소했다. 한참을 씹다가 문득 정신을 차리고 아빠가 있던 곳으로 뛰어갔지만, 아빠는 없었다.

4 주어진 표현에 알맞게 이야기를 이어서 써요.

곰곰이 생각을 해보니 아빠도 나를 찾고 있겠다는 생각이 들었다. 그래서 가만히 앉아서 기다렸다. 한참을 엎드린 채 아빠를 기다렸지만 아빠는 오지 않았다.

5 주어진 표현에 알맞게 이야기를 이어서 써요.

결국 나는 직접 집을 찾아가기로 했다. 기억을 더듬고 더듬어 왔던 길을 되돌아갔다. 갈림길에서는 헷갈려서 몇 번을 다시 돌아갔다. 올 때는 금방이었는데, 너무나 멀었다.

6 주어진 표현에 알맞게 이야기를 이어서 써요.

다행히도 내 코는 정확했다. 2시간을 헤맨 끝에 결국 집을 찾아냈고, 나를 기다리며 걱정하던 가족들의 품에 안길 수 있었다. 앞으로는 아빠를 잘 따라다녀야지!

나의글   제목:

1 나는 강아지다.

2 그런데 오늘,

3 하지만 그럼에도 불구하고

4 곰곰이 생각을 해보니

5 결국 나는

6 다행히도

11일차 비 내리던 날

✓ 최근 비가 내렸던 날을 떠올려 봐요.

예시 글 ▶ 제목: 나는 비 오는 날이 싫어!

1 비가 오는 소리, 냄새, 모습은 어땠나요?

이틀 전에 비가 왔다. 톡톡 떨어지다가 갑자기 쏴 하고 내렸다. 그쳤다가 또 내렸다. 비가 내리니 흙냄새가 났다. 창밖을 내다보니 비가 나뭇잎을 때리는 소리가 들렸다. 물웅덩이에 빗물이 떨어져 물방울이 튀기도 했다.

2 비를 좋아하나요? 아니면 싫어하나요? 그 이유도 써요.

나는 비가 싫다. 왜냐하면 신발이 젖어서 걸어 다니는 게 불편하기 때문이다. 또, 가방으로 물이 들어가서 안에 있는 것들이 다 젖기도 한다. 게다가 친구들이랑 마음대로 놀지도 못하고 집에 가만히 있어야 해서 심심하고 지루하다.

3 비 오는 날 내 기분은 어떤가요?

비가 오면 밖으로 못 나가서 답답하지만 그 때문에 마음이 조금 차분해지는 것 같기도 하다. 그런데 조금 더 생각해 보면 기분이 썩 좋지는 않다. 나는 맑고 화창한 날이 좋다. 그럴 때 더 신이 나고 기분이 좋다. 비 오는 날은 왠지 축 처진다.

4 비와 관련된 나의 기억을 떠올려 써요. ● 예 2학년 때 우산이 없어 비를 맞으며 집에 간 기억, 비 온 뒤 웅덩이에서 첨벙거렸던 기억, 비 오는 날 부침개를 먹은 기억 등

문득 그때가 생각난다. 지난 여름 휴가 때 캠핑을 갔는데 비가 많이 와서 하루 종일 텐트 안에만 있었다. 비가 안 왔다면 계곡에서 물고기도 잡고 동생이랑 누가 오래 잠수하나 시합도 했을 것이다. 특히 캠핑장에 있던 30m짜리 대형 그네를 못 탄 건 지금도 아쉽다.

5 비 내리던 날을 떠올리면서 어떤 생각과 느낌이 들었나요?

비가 내리는 모습을 생각하니 투둑투둑 비 떨어지는 소리가 귀에 들리는 것 같다. 빗방울이 자동차 창문에 맞아 부서지는 모습도 떠오른다. 우산이 없어 어딘가로 급하게 몸을 피한 사람들도 생각난다. 비가 오면 뭔가 계획대로 되지 않는다는 생각이 들어서 기분이 찝찝하기도 하고, 비가 자주 오지 않았으면 좋겠다는 생각이 든다.

나의 글 ▶   제목:

1

2

3

4

5

당장 버리고 싶은 물건

✔ 우리 집에서 지금 당장 버리고 싶은 물건 3가지를 떠올려 봐요.

예시글 ▶▶ 제목: 이제 그만 이별하자!

1 첫 번째로 버리고 싶은 물건은 무엇인가요? ● 생김새, 쓰임새, 버리고 싶은 이유, 그 물건과 관련된 기억 등도 써요.

오늘은 우리 집에서 당장 버리고 싶은 물건들을 소개하겠다. 가지고 있어도 쓸모가 별로 없고 오히려 기분을 나쁘게 하는 물건 첫 번째는 바로 냉장고다. 우리 집 냉장고는 딱 봐도 안 예쁘고 스티커가 여기저기 붙어 있어 지저분하다. 엄마가 결혼하면서 사셨는데 15년이나 되었다. 소리도 시끄럽다. 하지만 지금 당장 버리면 음식을 어떻게 보관할지 걱정이다.

2 두 번째 물건도 같은 방법으로 써요.

두 번째는 책장이다. 나는 책을 싫어하는데 책이 잔뜩 꽂혀 있는 책장을 보면 답답해서 버리고 싶다. 현관을 지나 복도로 들어오면 책장이 딱 서 있다. 그리고 내 방에도 있고 형 방에도 있으며 거실에도 있다. 아빠는 가끔씩 찾을 게 있을 때 책장에서 이 책 저 책을 꺼내서 살펴보는데 그 모습이 좀 멋있긴 하다. 하지만 집에 책장이 너무 많아 몇 개 버리면 좋겠다.

3 세 번째 물건도 같은 방법으로 써요.

세 번째는 밀대이다. 거실 책장 옆에 서 있는 밀대는 청소할 때 내 담당이다. 밀대로 구석구석 닦는 건 시간이 너무 오래 걸려서 싫다. 그래서 나는 저 밀대가 없으면 내가 할 일이 없어질 것 같다. 하지만 밀대 대신 더 하기 싫은 일이 맡겨질지도 모른다.

4 이 물건들이 사라진 뒤 우리 집은 어떤 느낌일까요?

이것들이 사라지면 어떻게 될까? 집이 더 깨끗하고 넓어 보이지 않을까? 특히 냉장고는 시끄럽고 낡아서, 새 것으로 바꾸면 음식을 꺼낼 때마다 기분이 좋을 것 같다. 이왕이면 얼음이 나오는 예쁜 냉장고로 바꾸었으면…….

5 이 물건들이 사라진 뒤 다른 가족의 반응은 어떨까요?

엄마는 오래 쓴 냉장고가 사라지면 좀 서운해하실 것이다. 하지만 새 냉장고를 사게 되어서 오히려 기뻐하실 게 분명하다. 책장이 사라지면 아빠가 많이 불편할 것이고 깜짝 놀라실 거다.

나의 글 ▸   제목:

1

2

3

4

5

13일차 # 내가 안 먹는 음식

✔️ 내가 가장 먹기 싫어하는 음식이나 반찬을 떠올려 봐요.

예시글 ▶ 제목: **친해지기 힘든 친구, 어묵**

1 나는 음식을 잘 먹는 편인가요, 잘 먹지 않는 편인가요?

나는 음식을 별로 좋아하지 않는다. 거의 항상 입맛이 없고 먹는 것에 별 관심이 없다. 그런데 그중에서도 특히 싫어하는 게 있다.

2 내가 싫어하는 음식(반찬) 하나와 싫어하는 이유를 써요.

그건 바로 어묵이다. 나는 어묵을 싫어한다. 어묵은 물컹물컹해서 씹는 맛이 별로다. 그나마 볶은 건 괜찮은데 국에 넣고 끓이면 물렁해져서 먹기가 더 싫어진다.

3 그 음식이 나오면 나는 어떻게 행동하나요?

식탁에 어묵이 나오면 나는 아예 손을 안 댄다. 표정이 어두워지고 한숨을 쉬기도 한다. 고개를 좌우로 흔들 때도 있다. 반찬을 만드신 엄마께는 죄송하지만, 엄마가 어묵을 먹으라고 주시면 차라리 김치를 더 많이 먹겠다고 할 정도이다.

4 그 음식이 얼마나 싫은지 표현해 봐요.

나는 정말 싫다, 어묵이! 어묵을 돈 주고 사 먹는 건 너무 아깝다. 내가 어묵을 얼마나 싫어하냐면, '어묵 먹을래 아니면 수학 문제 풀래?'라고 물으면 난 차라리 수학 문제를 더 풀겠다.

5 그 음식과 관련된 기억이나 경험을 써요.

한번은 이런 적도 있다. 내 친구 수지랑 같이 떡볶이를 먹으러 갔는데 그릇에 담긴 떡볶이를 보니 어묵과 떡이 거의 반반씩 들어 있었다. 그래서 수지는 어묵만, 나는 떡만 먹었다. 혼자서 먹었다면 반을 다 남겼을 것이다. 의외의 부분에서 우리는 환상의 짝꿍이었다.

6 앞으로 그 음식을 어떻게 대할 건가요? ● 예 평생 먹지 않겠다, 언젠가는 먹을 수도 있을 것 같다 등

시간이 많이 흐르면 좀 달라질까? 아니다. 나는 아마도 평생 어묵을 좋아하지 않을 것 같다. 세상엔 맛있는 음식이 많다. 내가 일부러 어묵을 찾아서 먹는 일은 절대 없을 것이다.

나의 글 ▷　　제목:

1

2

3

4

5

6

요즘 나의 기분은

14일차

✔ 최근 내 기분이 어땠는지 생각해 봐요.

예시 글 ▷▷ 제목: 언제나 요즘처럼 즐거웠으면!

1 요즘 기분이 어떤가요? 어떤 일들 때문에 그런 기분이 들었나요?

요즘 내 기분은 좋은 편이다. 매일 학교 가서 친구를 만나는 게 즐겁다. 또 최근에 피아노 학원에서 새로운 곡도 배우고, 예람이 생일날 친구들과 재미있게 놀기도 했다.

2 그 기분이 들게 만든 일 중 하나를 자세하게 써요. ● 어떤 일이 있었고, 그 당시 무슨 생각을 하고, 어떻게 행동했나요?

지난주 토요일은 예람이의 생일이었다. 우리는 '인생네컷'을 찍으러 가서 웃긴 똥 머리띠를 쓰고 깔깔거리면서 사진을 찍었다. 하도 웃어서 배가 아플 정도였다. 그다음 다이소에 가서 과자와 스티커 쇼핑도 하고, 코인 노래방에 가서 실컷 노래도 불렀다. 너무 신이 났다.

3 두 번째 일도 같은 방법으로 써요.

또, 어제는 언니랑 아이스크림을 직접 만들어 먹었다. 우유를 사 달라는 부탁을 아빠가 들어주셔서, 감사하다고 말했다. 집에서 아이스크림을 만들기 위해서는 우유에 설탕을 조금 타서 컵에 부은 다음 냉동실에 넣어 두면 된다. 진짜로 될까? 궁금했는데 맛있어서 뿌듯했다.

4 이 기분은 어떻게 되어야 할까요? ● 예 쭉 이어져야 한다, 오늘로 끝나야 한다 등

나는 지금의 이 기분이 쭉 이어지면 좋겠다. 울 때보다는 웃을 때가 당연히 더 좋다. 누구나 같은 생각을 할 것이다. 내 기분이 좋으면 내 친구와 우리 가족 기분도 좋아지니 더 좋다.

5 그러기 위해 나는 무엇을 할 생각인가요?

즐거운 기분을 위해 주말에는 꼭 운동을 하고 언니랑도 사이좋게 지낼 것이다. 또 나도 모르게 한숨을 쉬는 습관도 조금씩 줄이고 긍정적인 생각을 많이 하도록 노력할 것이다.

6 내 기분을 글로 써 보니 어떤가요?

요즘 나의 마음 상태를 글로 써 보니 처음에는 뭐라고 써야 할지 몰라서 좀 힘들었지만 쓸수록 기분이 좋아졌다. 앞으로도 웃으면서 즐겁게 살고 싶다.

나의글 ▶   제목:

1

2

3

4

5

6

15일차

나를 소개합니다

✔ 나를 설명해 주는 단어 3가지를 떠올려 봐요.

예시 글 ▶ 제목: 나는 이런 사람이에요

1 간단히 자기 소개를 해요. ● 이름, 나이, 다니는 학교, 사는 도시, 가족 구성원, 좋아하는 것 등

안녕하세요? 저는 서사원 초등학교 3학년 권귀헌입니다. 저희 가족은 부모님, 형, 동생, 그리고 저 이렇게 다섯 식구입니다. 저는 1학년 때부터 축구 클럽을 다녀서 축구를 잘합니다. 닌텐도로 피파 게임 하는 것과 포켓몬 빵을 좋아합니다. 오늘은 제가 어떤 사람인지, 3가지 단어로 소개하겠습니다.

2 나를 나타내는 첫 번째 단어와 그 이유를 써요. ● 그걸 증명할 수 있는 경험담도 써요.

첫째, 저는 연예인입니다. 다른 사람들 앞에 나서는 걸 좋아하고 남을 웃기는 것도 잘합니다. 지난 달에는 할머니 댁에 가서 재미있는 춤을 보여 드렸습니다. 팔다리를 흔들며 엉덩이를 돌렸는데 모두 웃으며 박수를 쳤습니다. 사람들이 저를 보고 웃으면 저도 기쁩니다.

3 두 번째 단어는 무엇인가요? 같은 방법으로 써요.

둘째, 저는 팔씨름 선수입니다. 팔 힘이 진짜 세서 저와 팔씨름을 해서 이긴 사람이 없습니다. 저번에 형도 이겼습니다. 특히 저는 어릴 때부터 왼손을 썼고 축구를 할 때도 왼발로 공을 차기 때문에, 왼팔로 팔씨름을 해도 누구나 완벽하게 이길 수 있습니다.

4 세 번째 단어는 무엇인가요? 같은 방법으로 써요.

셋째, 저는 잠보입니다. 일찍 잠을 자도 아침에는 잘 못 일어납니다. 부모님과 동생이 거실에 앉아서 뉴스를 보고 있으면 그제서야 일어납니다. 눈을 뜨는 데에도 한참 시간이 걸립니다. 아침에 한 번에 눈을 뜨는 게 제 소원입니다.

5 나에 대해 써 보니 어떤 생각과 감정이 드나요?

저에 대해 이렇게 글로 써 보니 저는 재미있는 사람이라서 기분이 좋습니다. 남에게 기쁨을 주는 건 좋은 거니까요. 또 왼손을 남들보다 잘 쓰는 것도 특별한 것 같아요. 아침잠은 조금 줄이면 좋겠다고 생각합니다.

나의글 〉 제목:

1

2

3

4

5

어른이 좋을까? 아이가 좋을까?

16일차

✓ 어른과 아이의 좋은 점과 힘든 점을 각각 떠올려 봐요.

예시글 ▶ 제목: 아직 아이인 게 좋아

1 요즘 부모님은 어떻게 지내시나요? ● 예 ~을 하며 하루를 보낸다, 힘들어 보인다, 즐거워 보인다 등

우리 부모님은 요즘 바쁘시다. 엄마는 회사를 다니시는데 일찍 출근해서 밖이 캄캄해진 후에야 집에 오시기 때문에 얼굴 보기가 힘들다. 아빠는 집에서 살림을 하시는데 빨래, 설거지 등 늘 할 일이 많아서 바쁘시다. 두 분 다 피곤하고 힘들어 보인다.

2 어른이라서 좋은 점과 힘든 점은 무엇일까요?

어른들은 항상 일찍 일어나서 출근을 해야 한다. 그리고 밤 늦게 돌아올 때가 많다. 또 밥, 빨래, 설거지도 하고 집에 뭐가 고장나면 고쳐야 해서 힘든 일이 많을 것 같다. 이것저것 챙겨야 하는 것도 많고 돈 걱정도 해야 한다. 하지만 잔소리를 들을 일이 없다는 것은 부럽다. 핸드폰을 많이 하든, 밤에 늦게 자든 누가 뭐라 할 사람이 없으니 말이다.

3 요즘 나의 모습은 어떤가요? ● 주로 무엇을 하면서 보내는지 써요.

나는 요즘 학교 다녀와서 학원에 갈 때도 있고 집에서 숙제할 때도 있다. 친구들과 게임을 하며 놀기도 한다. 숙제가 좀 많은 것 같은데 그래도 할 만하다. 주말에는 집에서 놀거나 댄스 연습을 하기도 하고, 가족 모두 쇼핑이나 외식을 하러 나갈 때도 있다.

4 내가 아이라서 좋은 점과 힘든 점은 무엇인가요?

나는 내가 아이라서 빨리 자야 하고 핸드폰과 TV도 마음대로 못 보는 점이 싫다. 잔소리도 많이 들어야 한다. 나도 내가 하고 싶은 일을 하고 싶을 때 할 수 있었으면 좋겠다. 아이라서 좋은 점은 잘 모르겠지만 청소 같은 집안일은 조금만 하니까 좋은 것 같다. 엄마 아빠는 항상 청소를 하고 특히 주말에는 대청소를 하시기 때문이다.

5 글을 쓰면서 어떤 생각과 느낌이 들었나요?

글을 써 보니 부모님이 참 많은 일을 하고 계신 것 같다. 어른은 아이보다 힘들 것이다. 나도 생각보다 공부를 많이 하고 있긴 하지만, 그래도 아직 아이라서 다행이라는 생각이 들었다.

나의 글   제목:

1

2

3

4

5

저녁 메뉴 추천하기

✔ 남들에게 저녁 메뉴로 추천하고 싶은 음식을 떠올려 봐요.

친구의 글을 읽어 보세요! 120쪽

예시 글 ▶ 제목: 손바닥 김밥

1 내가 고른 메뉴는 무엇인가요? ● 이 메뉴를 선택한 이유는 무엇인가요? 이 음식은 어떤 재료로 어떻게 만드나요?

저는 손바닥 김밥을 추천하고 싶습니다. 손바닥 김밥은 손바닥만 한 김 위에 직접 밥을 얇게 펴서 올리고 단무지, 오이, 당근, 햄, 맛살, 참치 등 여러 재료를 넣고 싶은 대로 넣고 돌돌 말아서 먹는 건데요. 정말 맛있습니다. 내가 먹고 싶은 대로 만들 수도 있고, 만들어서 다른 사람에게 먹여 줄 수도 있다는 점이 이 음식의 매력 포인트입니다.

2 최근에 그 음식을 먹었던 날을 떠올려서 써요. ● 언제, 어디에서 누구와 먹었나요? 맛이 어땠나요?

손바닥 김밥을 지난 일요일에도 먹었습니다. 온 가족이 식탁에 앉아 즐겁게 얘기하며 먹었어요. 특히 이번에는 엄마가 알록달록한 파프리카도 준비하셨고, 다진 소고기도 볶아 주셔서 더 맛있었습니다. 이것저것 많이 넣다 보니 한 손에 쥘 수 없을 정도로 뚱뚱해졌지만 그래도 맛은 최고였습니다.

3 그 음식을 먹을 때 들었던 생각과 내가 느낀 감정을 자세히 써요.

맛있는 김밥을 먹으니 엄마의 사랑이 느껴졌고 정말 행복했습니다. 여섯 개 정도 만들어 먹었는데 먹을 때마다 엄마에게 계속 엄지손가락을 세웠습니다. 그리고 내가 원하는 재료를 넣어서 만들어 먹으니 정말 재미있었어요. 단무지만 3개씩 넣어서 만든 다음 동생에게 먹으라고 주면서 장난도 쳤습니다.

4 이 음식을 저녁 메뉴로 추천하는 이유는 무엇인가요?

여러분도 한번 드셔 보세요. 둘이 먹다 하나가 죽어도 모를 정도로 환상적인 맛의 손바닥 김밥! 영양 만점 고기와 다양한 채소를 한꺼번에 먹을 수 있습니다. 직접 만든 특별한 손바닥 김밥을 가족과 나눠 먹으면 사랑도 깊어질 거예요.

5 마지막으로 추천하는 말을 써요.

저는 여러분이 손바닥 김밥을 꼭 드셨으면 좋겠습니다. 손바닥 김밥과 사랑에 빠져 보세요!

나의글 　　　제목:

1

2

3

4

5

18일차

엄마가 우리 반에 전학을 왔다

✓ 어린 시절의 엄마를 만나는 상상을 해 봐요.

예시 글 ▶ 제목: 전학 온 친구의 비밀

1 학교에서 어린 시절의 엄마를 만나는 상황을 상상해서 써요.　　● 어떻게 생겼나요? 지금의 엄마와 무엇이 닮았나요?

오늘 아침, 새로운 친구가 전학을 왔다. 얼굴을 자세히 보니 어딘가 낯이 익은 게 우리 엄마와 닮았다. 이름도 똑같이 고진희였다. 점, 쌍꺼풀, 웃는 얼굴. 모든 것이 똑같았다. 어디에 살았었냐고 물어보니 사실 자신은 과거에서 시간 여행을 온 것이라고 했다! 이게 현실일까? 나는 깜짝 놀랐다. 그리고 가슴이 쿵쿵 뛰었다.

2 어린 시절의 엄마와 무엇을 하며 놀았을지 상상해서 써요.　　● 엄마가 보였을 반응도 상상해서 써요.

나는 진희에게 슬라임을 주며 놀자고 했다. 진희는 "우아! 이거 진짜 신기하다!"라며 한참 동안 조물조물 만지며 재미있어 했다. 역시, 내 생각이 적중했다. 옛날에는 슬라임이 없었을 것 같았기 때문이다. 나는 내 새 슬라임을 진희에게 선물해 주었다.

3 함께 간 장소는 어디였을까요? 상상해서 써요.

그리고서 우리는 도서관에 갔다. <흔한 남매> 책을 소개해 주었더니, 진희는 이렇게 웃긴 책은 처음 본다고 했다. 편한 쿠션을 옆구리에 끼고 두 다리를 쭉 펴고 같이 책을 읽고 있으니 벌써 절친이 된 것 같았다.

4 무엇을 함께 먹었을까요? 상상해서 써요.

다음으로 학교 앞 와플 가게에 갔다. 쫄깃하게 구운 와플에 크림과 사과 잼, 초콜릿까지! 정말 환상적인 맛이었다. 진희는 나처럼 달콤한 맛을 아주 좋아했다. 순식간에 와플을 다 먹고는 다른 맛으로 또 먹자고 했다.

5 헤어지면서 무슨 말을 했을까요? 그 말을 한 이유도 써요.

신나게 놀고 이제 헤어질 시간. 나는 사실을 밝혀야 하나 잠깐 고민했지만 자연스럽게 "다음에 또 놀자!"하고 인사한 후 헤어졌다. 왜냐하면 엄마는 앞으로도 여행을 더 해야 하기 때문이다. 재미있는 하루를 보낸 것만으로도 엄마는 행복했을 것이다!

나의 글   제목:

1

2

3

4

5

그해 여름, 이번 여름

✔ 특별히 기억에 남는 여름을 떠올려 봐요.

예시글 ▶ 제목: 여름아 기다려라

1 '여름' 하면 생각나는 단어 3가지를 써요. ● 그 단어들로 여름을 간단하게 설명해요.

여름 하면 떠오르는 단어는 '태양, 땀, 비'다. 여름은 덥기 때문에 하늘에서 이글거리는 태양이 제일 먼저 생각난다. 그리고 땀이 줄줄 흐르는 날씨에 선풍기와 에어컨을 찾는 사람들도 떠오른다. 또 하나 빼놓을 수 없는 것은 비다. 여름이면 장마 때 며칠씩 비가 오기 때문이다.

2 기억에 남는 여름은 언제인가요? ● 누구와 어디에서 무엇을 했는지, 그때 내 감정은 어땠는지 써요.

2년 전 여름이 특히 기억에 남는다. 우리 가족은 동해로 해수욕을 떠났는데 온 가족이 고성 앞바다에서 조개를 주웠다. 얼마나 많았는지 주워도 주워도 계속 나왔다. 정말 신나고 재미있었다. 다음날 조개로 여러 가지 요리를 해 먹었는데 꿀맛이었다.

3 그 여름이 특별히 기억에 남는 이유가 무엇인가요?

조개를 처음 잡아 본 거라서 신기했는데, 생각보다 많이 잡혀서 더 기억에 남는다. 만약 잘못 잡았다면 실망해서 금방 잊어버렸을 것 같다. 게다가 물이 아주 깨끗해서 수경을 끼고 물속을 들여다보면 모래에 묻혀 있는 조개가 보였는데 그 모습이 너무 예뻤다.

4 이번 여름에는 무엇을 하고 싶나요? ● 예 가족 여행 가기, 수영하기, 여름 과일 먹기 등

올 여름에는 8월에 거제도로 2주 동안 여행을 갈 계획이다. 엄마가 거제 바다는 다르다고 하셨는데, 과연 얼마나 예쁠지 궁금하다. 파도가 셀까? 조개는 많을까? 빨리 가서 직접 보고 싶다. 그리고 시원하게 물놀이를 할 생각이다. 물론 뜨거운 태양 때문에 피부가 다 타겠지만 나는 검게 그을린 내 얼굴이 건강해 보여서 더 좋다.

5 글을 쓰면서 어떤 생각을 하고, 무엇을 느꼈나요?

여름을 주제로 글을 써 보니 땀나고 덥기만 한 여름이 아니라 시원하고 즐거운 여름이구나 하는 생각을 했다. 덥기 때문에 더 즐겁게 놀 수 있는 여름이다. 얼른 놀러 가고 싶다. 빨리 방학이 오면 좋겠다.

나의 글   제목:

1

2

3

4

5

쓰면 쓸수록 좋은 말

✔ 들으면 기분이 좋아지는 말 3가지를 떠올려 봐요.

예시 글 ▶ 제목: 기분 좋은 말

1 첫 번째 말은 무엇인가요? ● 언제, 누가 한 말인가요? 그 말을 듣고 어떤 생각과 느낌이 들었나요?

우선 "아들, 오늘도 수고했어."라는 아빠의 말이다. 아빠는 내가 바쁜 하루를 보내고 집에 들어올 때마다 이 말을 해 주신다. 이 말을 들으면 나는 편안하고 기분이 좋다. 웃는 얼굴로 그날 있었던 일을 얘기하고 싶은 기분이 든다. 그리고 마음이 든든하고 따뜻해진다.

2 두 번째 말도 같은 방법으로 써요.

"우리 같이 놀까?" 이 말도 참 듣기 좋다. 학교 끝나고 교실을 나올 때 친구들이 조금 더 놀다가 가자며 이렇게 말한다. 그럴 때 나는 갑자기 신나는 기분이 들고 내 친구들이 나를 좋아하는구나 하는 생각이 들어서 행복하다.

3 세 번째 말도 같은 방법으로 써요.

가끔 엄마가 주말 아침에 "오늘은 라면 먹을까?"라고 하실 때도 좋다. 나는 라면을 좋아하는데, 평소에는 엄마가 잘 끓여 주시지 않는다. 어쩌다 한번씩 주말 아침에 먼저 제안하시면 너무 기분이 좋아서 소리를 지를 때도 있다. 엄마가 더 자주 라면 먹자고 해 주시면 좋겠다.

4 내 주변에서 가장 말을 예쁘고 기분 좋게 하는 사람은 누구인가요?

내 주변에는 말을 기분 좋게 하는 사람이 많다. 할머니, 은호, 민영이, 규석이 등등. 그중에서도 특히 할머니는 항상 나를 응원해 주신다. 내가 동생과 싸우거나 엄마, 아빠에게 혼나서 기분이 좋지 않을 때도 부드럽게 격려를 해 주시고 믿어 주셔서 기분이 좋아진다.

5 내가 누군가에게 기분 좋은 말을 해 준다면? ● 누구에게, 언제, 어떤 말을 하면 좋을지 생각해서 써요.

나도 누군가를 기분 좋게 해 주는 말을 자주 쓰면 좋겠다. 가족에게도, 친구에게도 써야겠다. 엄마 아빠에게는 하루가 끝날 때 "오늘도 수고하셨습니다."라고 말하면 좋지 않을까? 친구들에게는 좀 더 자주 칭찬을 해 주고 싶다. 무언가를 나보다 잘하거나 멋져 보일 때 솔직하게 "너 진짜 멋지다."라고 말해 주면 기뻐할 것 같다.

나의 글   제목:

1

2

3

4

5

21일차 마음이 참 속상했던 날

✔ 최근 한 달 중 가장 속상했던 날을 떠올려 봐요.

예시글　　　제목: 속상했던 수요일 아침

1　언제, 어디에서, 무슨 일이 있었나요? 어떤 기분이었나요?

지난 수요일에 있었던 일이다. 학교 가는 길에 아침부터 엄마에게 혼이 났다. 그래서 집을 나서면서부터 기분이 좋지 않았다. 학교에 도착하고 나서도 속상하고 화난 게 안 풀렸다.

2　그 일에 대해 자세히 써요.　● 시작한 순간부터 끝났을 때까지 벌어진 일을 하나씩 써 봐요.

그날 아침 7시 40분쯤 눈을 떴다. 피곤하기도 했고 일어나려니 귀찮았다. 이불을 끌어당기며 딱 5분만 더 자야지 생각했다. 하지만 엄마는 지각할 생각이냐며 빨리 씻으라고 소리를 치셨다. 씻으러 가는 길에 식탁을 보니 밥이 차려져 있었는데, 보는 순간 가슴이 답답했다. 내가 제일 싫어하는 누룽지였기 때문이다. 그때부터 나는 졸리기도 하고 밥도 먹기 싫은 마음에 느릿느릿 움직여서 엄마에게 또 혼이 났다.

3　그때 나는 무엇이 속상했나요?

나는 잠이 진짜 많아서 일찍 자도 일어나는 게 힘들다. 그날도 너무 피곤하고 졸린데 엄마는 무조건 깨우려고만 해서 속상했다. 게다가 먹기 싫은 누룽지까지! 나는 엄마가 내 입장은 하나도 생각하지 않고 소리를 지르는 게 너무 싫었다.

4　그때 나는 어떤 생각과 행동을 했나요?

그래서 나는 얼굴을 잔뜩 찌푸린 채 욕실로 가서 샤워를 하고 머리를 말리고 옷을 입었다. 아직 시간이 많은데도 엄마는 시계 좀 보라며, 늦겠다고 얼른 준비하라고 자꾸 잔소리를 하셨다. 나는 짜증이 나서 한숨도 쉬고 고개도 숙이고 투덜거리기도 했다.

5　그날을 떠올리면서 어떤 생각과 느낌이 들었나요?

지금 생각해 보면 힘든 건 아침마다 비슷한데, 그날은 특히 누룽지까지 먹어야 해서 더 기분이 나빴던 것 같다. 나는 지각을 안 할 수 있는데 엄마는 지각할까 봐 늘 걱정이시다. 다음부터는 한번에 깨우지 말고 조금 일찍부터 여러 번 깨워달라고 말씀드려야겠다.

나의 글 ▷   제목:

1

2

3

4

5

두 문장으로 짧은 글 쓰기

✔ 두 문장으로 시작해 이어지는 글을 써 봐요.

★★★★★
★★★★★
★★★★★
친구의 글을 읽어 보세요!
121쪽

예시 글 ▶ 제목: 정신줄을 놓으면 안 돼!

---

1 각 단어를 넣어 문장 2개를 만들어요. ● 두 문장은 서로 상관이 없어야 해요.

① 숟가락, 리모컨

왼손에 숟가락, 오른쪽에 리모컨을 들고 TV를 봤다.

② 열쇠, 동전

주머니에는 열쇠와 동전이 가득했다.

---

2 두 문장 중 하나로 글을 시작해서 이야기를 써요. ● 이야기는 자유롭게 지어서 써요.

나는 어제 왼손에 숟가락, 오른손에 리모컨을 들고 저녁을 먹었다. TV를 보면서 밥 먹어도 된다고 허락을 받았기 때문이다. 그런데 채널을 돌리다가 <나 혼자 산다>가 너무 재미있어서 집중한 나머지, 나도 모르게 리모컨이 숟가락인 줄 알고 국그릇 안에 푹 담갔다. 나는 내 자신이 어이가 없고 당황스러웠다. 부엌에서 그 모습을 본 엄마가 소리를 지르셨다. "너 지금 제정신이니?"

---

3 남은 문장 하나를 넣어서 이어지는 이야기를 써요. ● 내용이 자연스럽게 연결되어야 해요.

나는 엄마에게 혼날까봐 도망치듯 밖으로 뛰쳐나갔다. 주머니에는 열쇠와 동전이 가득했다. 어디로 가지? 혼날 것이 무서워 집을 나오긴 했지만 막상 갈 곳이 없었다. 동전을 다 모아 보니 100원짜리가 8개, 500원짜리가 1개 있었다. 마침 눈앞에 붕어빵 파는 곳이 보였다. 2개에 1000원이었다. 나는 붕어빵을 사서 뚜벅뚜벅 집으로 다시 걸어갔다. 조심스레 엄마의 눈치를 살피면서 식탁 위에 붕어빵을 올려놓았다. 설거지를 마친 엄마는 물티슈로 리모컨을 열심히 닦다가 나를 째려보더니 피식 웃으셨다.

나의글 ▶　　제목:

1　① 숟가락, 리모컨

② 열쇠, 동전

2

3

23일차 과일로 변신한 나

✔ 내가 과일 중 하나가 되었다고 상상해 봐요.

제목: 저는 무슨 과일일까요?

1 '나'의 생김새는 어떤가요? ● 모양, 색깔, 무늬, 촉감, 닮은 사물이나 동물 등

지금부터 저를 소개하겠습니다. 잘 듣고 제가 누구인지 맞혀 보세요! 저는 지구처럼 또는 농구공처럼 둥근 모양을 하고 있습니다. 색깔은 청개구리 같은 녹색입니다. 그 위로 얼룩말처럼 검은색 줄무늬가 있습니다. 겉을 만지면 반질반질하고, 들어 보면 꽤 무거워요.

2 '나'는 어디에서 볼 수 있나요? ● 원래 자라는 곳, 구입할 수 있는 곳 등

저는 밭에서 자랍니다. 숯불처럼 뜨거운 태양 아래에서 자라다가 덩치가 볼링공보다 더 커지면 마트나 시장으로 자리를 옮깁니다. 같이 자란 형제들이 모두 흩어져서 슬프지만 마트에 가면 새로운 친구들을 또 만날 수 있으니 괜찮습니다.

3 '나'는 언제 필요한가요? 어디에 쓰이나요? ● 실제로 겪은 나의 경험을 함께 써요.

저는 여러 모로 쓰입니다. 사람들은 보통 땀이 폭포수처럼 줄줄 흐르는 더운 여름에 저를 찾습니다. 어른, 아이 할 것 없이 많은 사람들이 저를 참 좋아합니다. 그냥 먹을 수도 있고 주스로 만들어 먹기도 해요. 지난 주말에도 귀헌이네 가족은 저를 먹었습니다. 온 가족이 모여 TV를 보며 저를 삼각형 모양으로 썰어서 한 손에 하나씩 들고 먹었지요.

4 '나'의 맛은 어떤가요? ● 비슷한 맛을 가진 다른 것에 비유해 봐요.

저는 달콤한 맛이 나요. 특히 여름에 저를 많이 먹는 이유! 저는 배처럼 아삭아삭하고 아주 물기가 많거든요. 그래서 잘 익은 저를 먹으면 꼭 사이다나 주스를 마시는 것처럼 아주 달답니다. 땀을 많이 흘리고 나서 수분 보충에 딱이지요.

5 '나'는 누구일까요? 결정적인 힌트와 정답을 써요.

여러분, 제가 누구인지 아시겠나요? 아직 답을 못 찾으신 분들을 위해 결정적인 힌트를 하나 드릴게요. 저를 자르면 속은 빨간색이고 검은색 씨앗이 군데군데 박혀 있습니다. 네, 맞아요! 저는 여름의 대표 과일, 수박이랍니다.

나의 글 ▷ 제목:

1

2

3

4

5

소원을 말해 봐

24일차

✓ 마법의 램프가 있다면 어떤 소원을 빌고 싶은지 떠올려 봐요.

예시글 ▶ 제목: 지금 당장 미국에 가고 싶어요!

---

1 어떤 소원을 빌고 싶은지 한 문장으로 써요.

제 소원은 지금 당장 미국 가는 비행기를 타러 공항에 가는 것입니다.

2 이 소원을 빌고 싶은 첫 번째 이유를 써요.

첫 번째로는 비행기를 탈 수 있어서입니다. 제주도에 갈 때 비행기를 탔었는데, 높은 하늘에서 땅을 내려다보는 게 참 신기했습니다. 그리고 공항에서 큰 가방을 들고 비행기를 기다리면 두근두근하고 설레는데 그 기분이 너무 좋습니다. 미국까지 가려면 비행기를 오래 타야겠지만, 비행기에서 영화를 보거나 기내식을 먹으면 지루하지 않을 것입니다.

3 이 소원을 빌고 싶은 두 번째 이유를 써요.

두 번째 이유는 미국 디즈니랜드에 가고 싶어서입니다. 지난 방학에 우리 반 친구 화영이가 홍콩 디즈니랜드에 다녀와서 자랑을 했는데, 놀이 기구가 엄청나게 재미있다고 했습니다. 그리고 애니메이션 속 디즈니 캐릭터들과 만나 사진도 찍을 수 있다고 합니다. 저도 꼭 디즈니랜드에 가서 미키마우스 머리띠를 쓰고 신나게 놀고 싶어요.

4 소원이 이루어졌을 때의 내 모습을 상상해서 써요. ● 그때 나는 어떤 행동을 하고, 내 옆에는 누가 있을까요?

만약 진짜로 미국에 가게 된다면, 공항에 내리자마자 모든 것이 신기해서 눈이 빙글빙글 돌아갈 것 같습니다. 길거리의 외국인들도 구경하고, 집이나 차는 우리나라와 어떻게 다른지 열심히 관찰할 거예요. 사진도 많이 찍고, 디즈니랜드에서 기념품도 사 오고 싶어요. 엄마, 아빠뿐만 아니라 할머니, 할아버지도 다 같이 갔으면 좋겠습니다.

5 소원이 이루어지면 어떤 기분일까요?

오랫동안 꿈꾸던 미국 여행을 간다고 생각하니 상상만 해도 하늘을 나는 듯 너무나 기쁩니다. 소원이 이루어진다면 부러울 게 없을 것 같아요!

나의 글 　　제목:

1

2

3

4

5

내가 좋아하는 사람들

✔️ 마음속으로 내가 좋아하는 사람을 2명 떠올려 봐요.

예시글 ▶ 제목: 사랑하는 이모와 내 동생

---

1 첫 번째 사람을 소개해요. ● 이름, 나와의 관계, 성격, 하는 일 등

제가 좋아하는 사람 첫 번째는 저희 이모입니다. 이모는 주부입니다. 성격은 아주 상냥하고 친절하십니다. 가끔 사촌 동생에게 잔소리할 때를 빼면 항상 웃는 얼굴이세요. 이모는 운동을 좋아해서 매일 피트니스 센터에 가고 줌바 댄스도 하십니다.

2 그 사람의 어떤 점이 좋은가요? 그것을 보여 주는 실제 경험도 써요.

이모는 저와 성격이 잘 맞고, 저를 많이 예뻐해 주셔서 좋아요. 갖고 싶었던 옷이나 책 같은 선물도 자주 사 주십니다. 또 이모네 집에 가면 항상 맛있는 빵이나 쿠키를 구워 주셔서 정말 좋습니다. 작년 제 생일에는 제가 좋아하는 생크림 케이크도 만들어 주셨어요.

3 두 번째 사람도 같은 방법으로 소개해요.

제가 좋아하는 사람 두 번째는 제 동생입니다. 동생은 초등학교 1학년인데 덩치가 크고 행동이 느릿느릿하지만 말은 엄청 빠릅니다. 그래서 저랑 늘 말장난을 하면서 놉니다. 저한테 잔소리를 엄청 하는데 그게 오히려 귀엽습니다.

4 그 사람의 어떤 점이 좋은가요? 그것을 보여 주는 실제 경험도 써요.

동생은 제가 아무리 놀려도 화내지 않고 다 받아 주어서 참 좋습니다. 장난치며 놀면 너무 재미있습니다. 또 제가 뭘 시키면 투덜대면서도 대부분 다 들어줍니다. 어제도 같이 보드게임을 하며 놀았는데 제가 "콜라 좀 갖다 줘.", "사탕 껍데기 버려 줘." 하며 이것저것 심부름을 시켰습니다. 귀찮다고 하면서 결국 동생은 제가 시킨 걸 다 들어주었습니다.

5 글을 쓰면서 어떤 생각과 느낌이 들었나요?

이렇게 내가 좋아하는 사람에 대해 글로 쓰니 기분이 참 좋아집니다. 동생한테는 조금 미안해지네요. 앞으로 동생에게 심부름을 좀 덜 시켜야겠습니다. 나는 이 사람들이 모두 좋고 앞으로도 행복하게 잘 지내고 싶습니다.

나의글 　　제목:

1

2

3

4

5

26일차 범인은 내가 아니야!

✔ 방귀 뀐 사람으로 오해 받은 상황을 상상해 봐요.

예시 글 ▶ 제목: 억울하다, 억울해

1 엘리베이터에서 방귀 뀐 사람으로 오해 받은 상황을 상상해서 써요.

수학 학원으로 올라가는 엘리베이터를 탔다. 탈 때부터 방귀 냄새가 지독했다. 아무래도 이전에 탄 사람이 뀐 게 분명했다. 잠시 후 엘리베이터가 멈추고 옆 반 김은재가 탔다. 타자마자 인상을 잔뜩 찌푸렸다. "아, 냄새……." 혼잣말이지만 둘밖에 없어서 아주 잘 들렸다. 설마 내가 뀐 거라고 생각한 건가? 수업이 끝나고 엘리베이터를 탔는데 김은재와 우연히 또 만났다. 그런데 잠시 후 누군가가 방귀를 뀌었는지 지독한 냄새가 났다. 옆을 봤더니 김은재가 나를 째려보고 있었다.

2 그때 기분은 어땠을까요? 실감나게 써요.

나는 정말로 불쾌하고 기분 나빴다. 절대로 내가 뀐 게 아닌데, 마치 내가 뀌고도 시치미를 떼고 있다는 듯이 나를 쳐다본 것이다. 그 눈빛은 마치 불타는 용암 같았다. 억울했다. 내가 왜 그런 오해를 받아야 하냐고! 또, 내가 방귀를 뀌었다고 해도 그렇게까지 나를 째려봐야 하는지도 의문이다. 내 얼굴은 벌겋게 달아올랐다.

3 그때 내 행동과 상대의 반응은 어땠을까요?

나는 어떻게 하면 이 상황을 지혜롭게 넘길 수 있을지 곰곰이 생각했다. 그리고 김은재와 눈이 마주쳤을 때 살짝 고개를 좌우로 흔들었다. 내가 범인이 아니라는 사실을 꼭 전달하고 싶었다. 그러자 걔도 고개를 좌우로 흔들었다. 내 말을 못 믿겠다는 건가? 어이가 없었다. 엘리베이터 문이 열려 나는 내릴 수밖에 없었다.

4 그 사건이 끝나고 난 뒤 어떤 생각과 느낌이 들었을까요?

집으로 돌아오는 길에 이 일에 대해 생각해 보았다. 김은재를 엘리베이터에서 처음 만났을 때 방귀 냄새가 났는데 나만 있었다. 두 번째 만났을 때 또 방귀 냄새가 났는데 내가 있었다. 오해할 수 있는 상황이긴 하다. 하지만 다음에 만나면 꼭 얘기할 거다. 내가 아니었다고! 그리고 앞으로는 나도 누군가를 함부로 오해하지 말아야겠다는 생각이 들었다.

나의글   제목:

1

2

3

4

여행 가는 날 생긴 일

27일차

✔ 여행 날 예상치 못한 일이 일어나는 상황을 상상해 봐요.

친구의 글을 읽어 보세요! 122쪽

예시 글 ➤ 제목: 하마터면 비행기 못 탈 뻔한 이야기

1 해외여행을 떠나는 날 아침을 상상해서 써요. ● 전날 밤부터 공항에 도착할 때까지의 상황, 생각, 감정 등

오늘은 드디어 여름 휴가로 베트남 여행 떠나는 날! 나는 설레서 잠을 이루지 못했다. 해도 뜨기 전에 일어나 이리저리 집안을 돌아다녔다. 7시 30분쯤, 우리는 공항으로 가기 위해 집을 나섰다. 날씨도 좋고, 기분도 좋고!

2 공항에 도착한 후의 모습을 써요. ● 공항에서 한 일, 생각, 감정 등

공항에 도착해 환전을 한 후 비행기 티켓도 받고 김밥으로 아침도 먹었다. 모든 게 완벽하다. 두근두근 신나는 마음으로 비행기를 타려고 줄을 섰다. 곧 비행기를 타고 하늘로 날아오른다. 일주일 동안 한국과는 이별이라고 생각하니 섭섭하기도, 설레기도 했다.

3 비행기를 타기 전 예상치 못한 일이 일어나요. 무엇일까요?

그런데 비행기에 오르려고 하는 순간, 상상도 못한 일이 생겼다. 공항 안내 방송을 들어 보니 '활주로에 너무 많은 새들이 몰려와 비행기 이륙과 착륙이 모두 금지되었다'는 것이다. 나는 절망했다. 새 때문에 여행을 못 갈 수도 있다니. 창문을 통해 활주로를 보니 엄청나게 많은 새들이 모여 뭔가를 쪼아 먹고 있었다. 쫓아내도 계속 돌아왔다.

4 그 사건은 어떻게 마무리될까요? ● 예 착각에 의한 해프닝으로 마무리되었다, 다시 집으로 돌아가야 했다 등

사람들이 모두 한숨을 푹푹 내쉬고 있는데, 갑자기 새들이 순식간에 사라졌다! 어떻게 된 일일까? 아마 활주로에 누군가가 팝콘이라도 쏟았던 게 분명하다. 새들이 팝콘을 먹을 만큼 먹고 떠난 것이다. 함께 기다리던 승객들은 새들이 날아가자 박수를 쳤다. 답답하던 마음은 금세 행복으로 바뀌었다. 우리는 다시 즐거운 마음으로 비행기에 올랐다.

5 사건이 마무리된 후 어떤 생각과 느낌이 들었을까요?

비행기에 앉아 하늘을 보니 꿈만 같았다. 긴장하고 답답했던 시간이 지나고 나니 편하고 포근한 순간이 찾아왔다. 나는 의자 깊숙이 몸을 누이고 행복한 여행을 상상하며 눈을 감았다.

나의 글   제목:

1

2

3

4

5

28일차 **나에게 공부란?**

✔ 평소에 공부에 대해 했던 생각을 떠올려 봐요.

친구의 글을 읽어 보세요! 123쪽

예시글 ▶ 제목: 공부야, 난 네가 싫어

1 공부가 좋은가요, 싫은가요?

나는 공부가 싫다.

2 그 이유를 3가지 써요.

왜냐하면 첫째, 앉아 있으면 엉덩이가 아프기 때문이다. 둘째, 공부는 너무 지루하다. 셋째, 공부를 하다 보면 내가 모르는 게 나올 때 머리도 아프고 짜증이 나기 때문이다.

3 공부는 무엇과 비슷한가요? 그렇게 생각하는 이유는 무엇인가요?

공부는 마치 케이크 위의 촛불 같다. 촛불은 켜 두고 조금 있으면 꺼지는데, 공부하는 것도 비슷하기 때문이다. 아무리 외워도 다음날이면 모조리 까먹고 기억에 안 남는다. 분명히 다 이해하고 기억이 났는데 시험 칠 때는 아무런 생각이 안 나는 게 너무 속상하다.

4 공부할 때 내 모습은 어떤가요? 그 모습은 무엇과 비슷한가요?

● 예 거북이처럼 바닥에 엎드려서 한다, 바르게 앉아서 한다 등

나는 공부할 때 오래 앉아 있지 못한다. 자꾸 왔다 갔다 하고 집중이 잘 안 된다. 똥 마려운 강아지처럼 안절부절하며 가만히 못 있는다. 똥은 하나도 안 마려운데 말이다. 그래서 엄마가 자꾸 잔소리를 하신다. "좀 집중해서 해라! 집중해서!"

5 공부를 하면 어떤 감정이 드나요?

공부를 할 때는 빨리 시간이 가면 좋겠다는 생각뿐이다. 가슴이 답답하고 눈도 따갑다. 글자를 읽고 숫자를 풀고 암기하는 게 즐겁지 않아서다. 물론 항상 괴로운 건 아니다. 재미있는 주제도 있고, 가끔이긴 하지만 힘들게 수학 문제를 풀면 뭔가 짜릿할 때도 있다.

6 글을 쓰면서 어떤 생각과 느낌이 들었나요?

오늘 이렇게 글을 써 보니 내가 공부를 너무 나쁘게만 표현한 것 같다. 힘이 들기는 하지만 그렇다고 절대 못할 일은 아니다. 공부야, 미안해! 앞으로 잘 지내 보자. 시간은 좀 걸릴 거야.

나의글 ▷　　　제목:

1

2

3

4

5

6

 **29일차**

기억에 남는 친구

✔ 지금은 자주 못 보지만 친했던 친구를 떠올려 봐요.

예시글 ▶ 제목: 귀여운 내 친구 은서

1 그 친구는 누구이고, 어디서 만났나요?

제 친구 은서를 소개합니다. 은서는 2학년 때 같은 반이었습니다. 교실에서 옆에 앉기도 했고, 쉬는 시간마다 같이 놀았습니다. 3학년 때 다른 반이 돼서 요즘은 잘 못 봅니다.

2 그 친구는 어떻게 생겼나요?

은서는 저랑 키는 비슷한데 조금 통통합니다. 피부가 까무잡잡해서 건강해 보입니다. 눈이 크고 입술 오른쪽 위에 점이 여러 개 있어서 귀엽습니다. 웃으면 보조개가 쏙 들어갑니다.

3 그 친구의 성격은 어떤가요?

은서는 제가 만난 친구 중에서 가장 잘 웃고 늘 기운이 넘칩니다. 항상 교실에 은서 웃음소리가 가득했어요. 또 씩씩하고 용감합니다. 놀이터에서 놀다가 무릎에서 피가 날 정도로 넘어졌는데도 안 울었습니다. 저라면 아마 펑펑 울면서 바로 집으로 갔을 거예요.

4 그 친구의 취미나 잘하는 것은 무엇인가요?

은서는 방송 댄스를 배우는데 아이돌 춤을 아주 잘 춥니다. 노래, 춤을 다 외워서 친구들 앞에서 자주 춰 주었습니다. 또 달리기도 엄청 잘해서 시합을 하면 항상 1등이었어요.

5 지금도 생생한, 함께 했던 추억이 있나요? ● 언제, 어디에서, 무엇을, 어떻게 했는지, 어떤 말과 행동을 했는지 써요.

가장 기억에 남는 것은 은서가 우리 집에 놀러와서 같이 놀았던 날입니다. 내가 모은 포토 카드도 보여 주고, 같이 종이접기도 했습니다. 은서는 내가 정말 잘 접는다고 칭찬을 해 주었습니다. 우리는 과자도 먹고 학원에 갈 때까지 2시간 넘게 놀았습니다.

6 다시 그 친구를 만난다면 어떨까요? ● 예 ~을 함께 하고 싶다, 기분이 ~ 것 같다 등

은서를 다시 만난다면 새로 배운 춤도 보여 달라고 하고, 요즘 내가 빠져 있는 게임도 같이 하고 싶습니다. 은서랑 오랜만에 만나 노는 걸 상상하니 행복합니다.

나의 글   제목:

1

2

3

4

5

6

30일차 이것만은 자신 있다!

✔ 내가 남들보다 잘하는 것 2가지를 떠올려 봐요.

예시 글 ▶ 제목: 나의 자랑거리 2가지

1 내가 잘하는 것은 무엇인가요? 실제 경험담도 써요. ● 예 음식 안 가리고 먹기, 인사하기, 장난감 조립, 공부 등

사람은 누구나 잘하는 것이 있습니다. 제가 다른 친구들보다 특출나게 잘하는 것은 첫째, 정리입니다. 저는 항상 제 방을 깔끔하게 정리합니다. 책상, 책장, 옷장 모두 더러워지지 않게 정리하는 편입니다. 물건을 사용하고 나면 항상 제자리에 놓고 어지럽히지 않습니다. 예를 들면 책장의 책은 두께와 크기 순서대로 정리합니다. 큰 책부터 왼쪽에 놓고 오른쪽으로 갈수록 작거나 얇은 책을 놓는 거예요. 이렇게 정리하는 것은 저한테는 식은 죽 먹기입니다.

2 이에 대한 주변 사람들의 반응은 어떤가요? ● 그 반응을 들었을 때 어떤 기분이 드나요?

부모님은 제가 정리를 참 잘한다고 칭찬해 주십니다. 책장을 정리한 날에는 정말 대단하다고 칭찬해 주셨습니다. 또, 집에 친구들이 놀러 왔을 때도 깔끔하다고 감탄했어요. 그런 말을 들으면 저도 제 모습이 자랑스럽고 뿌듯해집니다. 스스로 칭찬해 주고 싶습니다.

3 내가 또 잘하는 것을 같은 방법으로 써요.

제가 잘하는 것 두 번째는 친구들의 고민을 잘 들어 주는 것입니다. 친구에게 속상한 일이 있거나 기분이 안 좋으면 무슨 일이 있는지 귀를 기울여서 들어 줍니다. 그저께는 단짝 친구인 재이가 동생과 싸워서 엄마에게 혼난 이야기를 했는데, 나도 그런 적이 있다면서 속상했겠다고 말해 주었습니다. 재이는 '너한테 말하고 나면 기분이 좋아진다'고 했습니다.

4 이에 대한 주변 사람들의 반응을 같은 방법으로 써요.

이렇게 제가 친구들의 이야기를 잘 들어 주면 친구들은 기분 좋아하고, 다시 표정이 밝아집니다. 제 덕분에 친구가 다시 웃는 것을 보면 마음이 참 행복합니다.

5 글을 쓰면서 어떤 생각과 느낌이 들었나요?

제가 가지고 있는 이 장점들이 아주 마음에 듭니다. 앞으로도 정리를 잘하고 친구들 이야기를 잘 들어 주는 나의 꼼꼼하고 다정한 장점을 발휘해서 멋진 사람이 될 거예요.

나의 글   제목:

1

2

3

4

5

실수했던 날의 기억

31일차

✔ 잊혀지지 않는 실수를 했던 날을 떠올려 봐요.

★★★★★
친구의 글을
읽어 보세요!
124쪽

예시 글 ▶ 제목: 아빠와 나의 황당한 첫 캠핑

1 실수가 일어났던 상황을 써요. ● 언제, 어디에서, 누구와 무엇을 하다가 있었던 일인가요?

작년 여름 아빠와 첫 캠핑을 갔을 때 있었던 일이다. 우리는 삼겹살을 구워 먹으려고 했는데, 숯불이 꺼지는 바람에 굽지 못했다. 낙엽을 넣으면 불이 잘 붙는데 아마도 아빠는 몰랐던 것 같다. 아빠는 급한 대로 떡볶이를 만들면서 나에게 밥을 좀 푸라고 하셨다.

2 어떤 실수를 했는지 시간 순서에 따라 구체적으로 써요.

밥주걱을 찾으려고 짐을 뒤졌다. 그런데 안 보였다. 아빠에게 물어보려다가 떡볶이를 만드는 아빠가 너무 바빠 보여서 텐트 속을 뒤졌다. 나는 어렵게 주걱을 찾았다. 좀 크다고 생각하긴 했지만 찾아내서 기뻤다. 나는 얼른 주걱으로 밥을 펐다. 잠시 후 아빠가 나를 보고 "안 돼!" 하고 소리를 질렀다. 쓰레받기로 밥을 푸면 어떡하냐고 하시면서 말이다.

3 실수를 한 후 주변의 반응은 어땠나요?

아빠는 포기한 듯이 웃으셨다. 그리고 나의 실수를 이해해 주셨다. 쓰레받기가 작아서 충분히 주걱으로 착각할 수도 있었겠다고 하셨다.

4 그 뒤에 어떤 일들이 일어났나요? ● 앞으로 또 같은 실수를 할 것 같나요? 그 이유도 써요.

우리는 우여곡절 끝에 밥을 다 먹고 난로에 불을 지펴서 밤늦게까지 놀았다. 마시멜로도 구워 먹고, 옆에 놀러온 고양이들에게 과자도 던져 주면서 말이다. 그리고 텐트로 들어가 침낭 속에서 다음날 아침 늦게까지 꿀잠을 잤다.

5 그때를 돌이켜 보니 어떤 생각이 드나요?

그날은 아빠도 나도 첫 캠핑이라 실수가 많았다. 다시 돌이켜 보니까 시간이 어떻게 지나갔는지 모르게 정신이 없었던 것 같다. 아마 앞으로 같은 실수는 하지 않을 거다. 밥을 푸기 전에 이게 주걱이 맞는지 꼭 확인할 생각이니까. 실수조차 추억으로 남은 첫 캠핑! 이제는 웃으면서 돌아볼 수 있다.

나의글 ▶   제목:

1

2

3

4

5

딱 하나만 고를 수 있다면?

32일차

✔ 독감으로 1주일 간 집에만 있어야 하는 상황을 상상해 봐요.

예시글 ▶ 제목: 하나만 골라야 한다면

1 똑같은 음식 하나만 계속 배달시켜야 한다면? ● 어떤 메뉴로 할 건가요? 그 이유는 무엇인가요?

만약 1주일 동안 똑같은 음식 하나만 먹어야 한다면 나는 '쌈밥'을 선택하겠다. 선택할 때 중요하게 생각한 점은 최대한 질리지 않아야 한다는 것이다. 쌈밥은 채소가 여러 종류이기 때문에 안성맞춤이라고 생각한다. 고기도 있어서 에너지를 보충할 수 있다. 무엇보다도 쌈에 싸 먹다 보면 그냥 먹는 것보다 덜 심심할 것이다. 쌈을 싸서 상대에게 먹여 줄 수도 있고 말이다. 하지만 매끼, 그것도 1주일을 먹다 보면 쌈을 싸는 게 귀찮아질 수도 있다.

2 단 한 사람과 함께 있을 수 있다면? ● 누구와 함께 있을 건가요? 그 이유는? 단, 그 사람은 백신을 맞아 절대 독감에 걸리지 않아요.

함께 하고 싶은 사람은 엄마다. 엄마는 내가 가장 사랑하는 사람이기 때문이다. 만약에 이 세상에 나와 다른 한 사람만 남겨진다고 하면 당연히 엄마를 고를 것이다. 또 엄마는 항상 내가 힘들거나 아플 때 필요한 걸 다 해 주신다. 나는 아직 혼자서 할 수 있는 게 많이 없는 것 같다. 혼자 뭘 하려면 겁부터 난다. 그래서 아플 때라면 더더욱 엄마가 없으면 안 된다.

3 그 사람과 함께할 운동을 하나 선택한다면? ● 그 운동을 선택한 이유도 써요.

엄마랑 함께할 운동은 바로 요가다. 엄마는 수영도 잘하시고 배드민턴도 잘 치시지만, 집안에서 하기는 어려운 운동이다. 최근에 엄마가 요가를 배우기 시작하셨다. 엄마가 집에서 요가를 연습할 때 나도 몇 번 따라해 보니까 시원한 느낌이 들고 좋았다. 그리고 독감이라 몸이 좀 아플 수 있어서 요가를 하면 빨리 나을 것 같다.

4 그 사람과 함께할 놀이(게임)를 하나 선택한다면? ● 그 놀이(게임)를 선택한 이유도 써요.

엄마랑 하고 싶은 놀이는 퍼즐이다. '월리를 찾아서' 퍼즐은 조각이 무려 천 개나 된다. 게다가 그림도 비슷비슷하게 생겨서 맞추기가 정말 어렵다. 다 맞추려면 최소 3일은 필요하다. 시간이 많은 상황에서는 퍼즐 맞추기가 딱 좋을 것 같다. 만약에 다 맞추고도 시간이 남는다면 종이접기도 엄마랑 같이 하고 싶다. 비행기, 딱지 같은 것을 접을 것이다.

나의 글 ▶   제목:

1

2

3

4

33일차 ## 지난 수업 이야기

✔ 가장 최근에 학교나 학원에서 한 수업을 떠올려 봐요.

예시 글 ▶ 제목: 아빠가 무좀을 선물했다?

1 어떤 수업이었나요? ● 수업을 소개하고, 평소에 수업에 대해 했던 생각이나 수업 전에 했던 일 등을 써요.

나는 화요일마다 글쓰기 수업을 한다. 줌(zoom)에서 선생님과 친구들을 만나 글을 쓰는 수업이다. 글쓰기를 하고 나면 기분이 좋아진다. 그래서 화요일인 어제, 저녁도 서둘러 먹고 컴퓨터를 켜서 수업에 들어갔다. 오늘은 어떤 걸 할지 궁금하고 기대가 되었다.

2 수업 때 어떤 일이 있었나요? ● 수업에서 한 활동, 있었던 사건을 구체적으로 써요.

어제 수업에서는 띄어쓰기 퀴즈를 풀었다. 선생님이 띄어쓰기가 안 된 우스꽝스러운 문장을 보여 주시면, 띄어 쓸 부분을 찾아서 올바르게 만드는 거다. "아버지, 무 좀 주세요."라고 쓰지 않으면 갑자기 '무좀'을 주실지도 모른다. "오늘밤나무심을까?"도 오늘 밤에 나무를 심을지, 오늘 밤나무를 심을지 띄어쓰기가 결정한다. 우리는 선생님의 설명을 들으며 모두 깔깔거리며 웃었다. 그리고 재미있게 퀴즈를 풀었다.

3 그때 나는 어떻게 행동했나요?

나는 문제를 보고 답을 쓴 다음 내 답을 카메라로 모두에게 보여 주었다. 총 5문제 중 4문제를 맞혔다. 마치 시합하듯이 푸니까 흥미진진했다. 마지막 하나를 틀릴 때는 너무 아쉬워서 머리를 쥐어뜯었던 게 생생하다. 다 맞힐 수 있었는데!

4 그 순간 나의 마음은 어땠고, 어떤 생각을 했나요?

퀴즈를 풀다 보니 긴장이 되기도 했고 재미도 있었다. 생각보다 쉬웠지만 어려운 문제도 있었다. 띄어쓰기를 잘못하면 완전히 다른 뜻이 될 수도 있다는 것도 알게 되었다. 앞으로 글을 쓸 때 신경 써서 잘 써야겠다는 생각, 다음에는 다 맞히고 싶다는 생각이 들었다.

5 그 수업에 대해 글을 쓰고 있는 지금, 어떤 생각과 느낌이 드나요?

나는 글을 쓰면 내 이야기를 누군가에게 하는 느낌이 들어 즐겁고 마음이 차분해지고 똑똑해지는 것 같다. 앞으로도 쭉 글쓰기 수업을 하고 싶다.

나의 글 ▶   제목:

1

2

3

4

5

듣고 기분이 나빴던 말

34일차

✔ 듣고 기분이 상하거나 화가 났던 말 3가지를 떠올려 봐요.

예시 글 ▶▶ 제목: 기억에서 지우고 싶은 말

1 첫 번째 말은 무엇인가요? • 언제, 누가 한 말인가요? 그 말을 듣고 어떤 생각과 느낌이 들었나요?

첫 번째는 내가 분수를 처음 배우는데 이해를 전혀 못했을 때 설명해 주던 엄마가 "이걸 왜 못 알아들어?"라고 짜증스럽게 말했을 때다. 나는 이해하려고 최선을 다하고 있었는데도 이해가 안 돼서 답답했는데 엄마가 짜증까지 내니까 정말 속상했다.

2 두 번째 말에 대해 같은 방법으로 써요.

두 번째는 학교에서 이동하라는 남자아이가 내 친구를 자꾸 놀려서 내가 그만 좀 하라고 했더니 "네가 뭔데, 어쩌라고."라고 했다. 그 말을 듣자 갑자기 기분이 팍 상하면서 그 아이가 싫어졌다. 그렇게 말을 밉게 하는 친구는 처음 봐서 충격적이었다.

3 세 번째 말에 대해 같은 방법으로 써요.

마지막으로 영어 학원에서 선생님이 "너 똑바로 안 하니?"라고 소리를 치셨을 때 기분이 안 좋았다. 내가 착각해서 숙제를 반밖에 안 해 가서 그런 건데, 헷갈렸을 수도 있는데 크게 소리를 지르시니까 무섭기도 하고 억울하기도 했다. 눈물이 날 것 같았다.

4 이 말들을 들었을 때 나는 어떤 기분이었나요?

이런 말들을 들었을 때 나는 마음이 덜컥 내려앉는 것 같고 속상했다. 그리고 그 말을 한 사람들이 미워지고, 들은 말이 계속 생각이 나서 하루 종일 시무룩하고 기운이 빠지는 느낌이었다. 지금도 다시 생각하니 기분이 나빠진다.

5 이 글을 쓰며 어떤 생각이 들었나요?

앞으로는 이런 말들을 듣는 일이 없으면 좋겠다. 엄마한테는 그렇게 짜증을 내면 나도 짜증이 나고 마음이 아프니 부드럽게 말해 달라고 할 것이다. 그리고 나도 누군가에게 기분이 상하거나 화가 날 만한 말을 하지 않도록 노력할 것이다.

나의 글   제목:

1

2

3

4

5

35일차 집안일하는 부모님의 모습

✔ 최근에 부모님이 집안일을 하시던 모습을 떠올려 봐요.

예시 글 제목: 아빠의 된장찌개

1 엄마(아빠)는 무슨 일을 하고 계셨나요?   ● 어디서 하셨나요? 그 공간의 모습은 어땠나요?

지난 주말에 아빠가 요리하던 모습을 생각해 봤다. 우리 집 주방은 ㄷ자 모양인데, 짙은 남색 싱크대 앞에서 아빠가 앞치마를 두르고 된장찌개를 끓이고 계셨다. 후드가 윙 소리를 내면서 돌아갔고, 냄비에서는 물이 보글보글 끓고 있었다.

2 엄마(아빠)가 하신 동작을 순서대로 자세히 써요.

아빠는 칼로 찌개에 들어갈 파, 양파와 애호박을 탁탁탁 썰어서 옆에다 놓았다. 그리고 냉장고에서 된장을 꺼내 체에 넣은 후 살살 풀어서 물에 넣으셨다. 나는 옆에서 그 모습을 구경했다. 아빠는 간을 본 다음에 채소를 넣고 마지막으로 두부도 넣으셨다. 구경하는 나를 보며 아빠가 살짝 미소를 지으셨다.

3 엄마(아빠)는 어때 보였나요?   ● 표정, 그때 하신 말씀 등

아빠가 요리를 하면서 노래를 흥얼거리는 모습이 즐겁고 기분 좋아 보였다. 왜 된장을 풀어서 넣냐는 나의 질문에 "된장 안에 들어 있는 콩을 걸러 내려고 그런 거야."라고 대답하셨다. 그리고 웃으면서 "맛있게 해 줄게."라고 말씀하셨다.

4 그때 나는 어떤 생각과 느낌이 들었나요?

나는 아빠가 냉장고에서 이것저것 꺼내 쉴새없이 척척 요리를 하는 게 멋있고 신기했다. 그리고 맛있는 냄새가 솔솔 나면서 찌개가 끓는 소리를 들으니 배가 자꾸 더 고파졌다. 빨리 저녁 식사 시간이 되면 좋겠다고 생각했다.

5 그때의 엄마(아빠) 모습을 떠올리며 지금 드는 생각을 써요.

요리하는 아빠를 생각하며 글을 쓰니 기분이 좋다. 아빠가 흥얼흥얼 노래를 부르면서 즐겁게 요리하는 모습이 고수 셰프 같기도 하고, 요리 대회에 출전한 씩씩한 선수 같기도 하다. 하지만 자주 요리를 하면 힘들겠지? 남기지 말고 잘 먹어야겠다. 아빠, 고마워요!

나의글 　　　제목:

1

2

3

4

5

36일차 사진으로 글쓰기

✔ 아래 사진을 자세히 관찰해 봐요.

예시 글 제목: 열정적인 체육대회

1 사진을 자세히 묘사하며 설명해요.

기다란 장대 끝에 파란색 바구니가 매달려 있어. 아이들이 공 던지기 시합을 하나 봐. 빨강색, 파란색 조끼를 나누어 입고 열심히 공을 바구니 안에 던져 넣고 있네. 공중에 여러 개의 공이 떠 있는 걸 보니 다들 열심히 시합에 참여하고 있는 것 같아.

2 사진 속 상황은 어떻게 진행될지 추측해서 써요.

어느 팀이 이기게 될까? 바구니 속에 공이 얼마나 들어 있는지는 잘 안 보여. 사진에는 빨간색 조끼를 입은 아이들이 훨씬 더 많아. 그래서 빨간색 팀이 이길 것 같은데 확실하지는 않아. 자세히 보면 파란색 팀 쪽에서 공을 더 많이 던지고 있는 것 같기도 해.

3 사진을 보고 떠오르는 기억이 있나요?   • 언제, 어디에서, 무엇을 했나요? 그때 기분은 어땠나요?

이 사진을 보니 얼마 전에 학교에서 체육대회를 한 게 생각나. 그때는 열심히 달리기도 하고 공도 굴리고 재미있게 놀았어. 우리 반이 단체 줄넘기에서 1등을 한 것도 생생하게 기억이 나. 우리는 한마음으로 힘을 모아 무려 35번이나 넘었어. 대단했어! 나는 세 번째로 줄을 넘었는데 혹시나 걸릴까 봐 심장이 튀어나오는 줄 알았어. 그래도 그날은 참 좋았어. 우리는 국가대표를 응원하는 것보다 더 뜨겁게 서로를 격려했어. 정말 뿌듯했지!

4 그 기억을 떠올리면서 지금 든 생각을 써요.

소리를 지르면서 응원하고 웃었던 게 마치 어제 있었던 일처럼 선명하게 떠올라. 내년에도 체육대회를 또 하면 좋겠어. 아마 지금 같은 반 친구들과는 상대편으로 만나겠지만 그래도 나는 최선을 다해 시합을 하고 응원을 할 거야. 때로는 선수가 되기도 하고, 때로는 관중이 되기도 하면서 말이야.

나의 글 ▶   제목:

1

2

3

4

37일차

가족의 손

✔ 가족 중 한 명의 손을 자세히 관찰해 봐요.

예시 글 ▶ 제목: 엄마의 손

1 손의 생김새와 빛깔은 어땠나요? ● 손가락, 손톱, 마디, 길이, 굵기, 크기 등

오늘 엄마의 손을 자세히 보았다. 엄마의 손은 작지만 손가락은 조금 긴 편이다. 손바닥과 손등에 살이 별로 없다. 대체적으로 말랐다. 손톱은 유리처럼 반짝거리고 매끈하다. 주름이 약간 있고 손등에는 흉터가 연하게 남아 있다. 흉터가 왜 생겼냐고 여쭈어 보니 어릴 적 산에서 넘어져 크게 다쳤다고 하셨다.

2 손의 촉감과 향기는 어땠나요? ● 비유적인 표현을 사용해서 써요.

손을 만져 보니까 부드러웠다. 하지만 손바닥은 약간 거친 느낌도 있었다. 나는 마치 강아지처럼 엄마 손에 코를 대고 냄새를 맡았는데 향기로운 핸드크림 냄새가 났다.

3 손을 관찰할 때 가족의 행동과 표정은 어땠나요?

내가 엄마 손을 아주 가까이서 들여다보고 만지니 엄마가 웃으셨다. 내가 코를 대고 냄새를 맡았을 때는 간지럽다고 손을 자꾸 뒤로 빼셨다.

4 오늘 가족은 이 손으로 무엇을 했을까요? ● (추측하는 경우)'~을 했을 것이다.', (내가 보았거나 확실한 일일 경우)'~을 했다.'와 같이 써요.

엄마는 오늘 이 손으로 아침에 미역국과 계란말이를 만들어 주셨다. 아마 맨손으로 미역을 씻어서 국을 끓이셨겠지? 그리고 계란을 깨서 잘 푼 다음에 계란말이를 만드셨을 것이다. 쉴 때는 핸드폰을 만지며 카톡도 하시지 않았을까? 그리고 내가 학교에서 돌아오자 내 가방을 들어 주셨고, 얼굴도 쓰다듬어 주셨다.

5 글을 쓰면서 어떤 생각과 느낌이 들었나요?

엄마의 손에 대해 글을 썼는데 그 덕분에 엄마의 손을 자세히 관찰하고 냄새도 맡아 보았다. 엄마의 손을 잡고 있으니 마음이 편해지고 좋았다. 한편으로는 엄마가 나를 돌보느라 많은 일을 하고 계시다는 생각이 들어 조금 슬펐다. 나도 내 방은 내가 잘 치워서 엄마의 일을 좀 덜어 드려야겠다.

나의 글   제목:

1

2

3

4

5

38일차 내 꿈을 꼭 이룰 거예요

✓ 언젠가 꼭 이루고 싶은 나의 꿈을 떠올려 봐요.

친구의 글을 읽어 보세요! 125쪽

예시 글 제목: 미식가가 될 거야

1 어떤 꿈을 이루고 싶은가요?

저는 꼭 이루고 싶은 꿈이 있습니다. 유치하게 들릴 수 있지만 제 꿈은 전 세계의 음식을 다 먹어 보는 거예요. 우리나라의 김치, 비빔밥, 불고기처럼 다른 나라에도 그 나라에서만 먹는 전통 음식이 있을 텐데, 얼마나 신기하고 다양한 맛을 가진 음식이 많을지 궁금합니다.

2 이 꿈을 갖게 된 계기는 무엇인가요?

예전에 텔레비전에서 <슈퍼 피쉬>라는 다큐멘터리를 본 적 있는데 세계 각국의 나라에서 생선을 어떻게 먹는지 소개를 해 주었습니다. 그때 그 영상이 너무 흥미로웠고 재미있었어요. 그 후로 다양한 세계 음식을 먹어 보고 싶다는 꿈을 갖게 되었습니다.

3 이 꿈을 이룰 수 있는 방법은 무엇일까요?

이 꿈을 이루기 위해서는 여러 나라에 대해 공부를 많이 해야 합니다. 어느 나라에 어떤 음식이 있는지, 맛은 어떤지 미리 알아 두어야 합니다. 또 영어 등 외국어를 잘하면 전 세계를 돌아다닐 때 더 편리할 거예요. 어떤 나라에 가든 말이 통해야 먹고 싶은 음식을 제대로 주문할 수 있으니까요. 콜라를 시켰는데 간장이 나오면 큰일나겠죠?

4 이 꿈을 이루기 위한 구체적인 계획을 써요. ● 무엇을, 어떻게, 언제, 누구와 하겠다 등

그래서 저는 지금 우선 열심히 공부를 하고 있어요. 세계 지리 책을 자주 봐요. 세계 각국의 위치와 수도 같은 것을 보면 금방이라도 그 나라에 가 있는 것 같습니다. 음식에 대한 다큐멘터리도 종종 봅니다. 최근에는 스웨덴의 삭힌 생선을 봤는데 냄새가 최악이라고 합니다. 하지만 궁금해요. 또 영어를 열심히 공부하고 있습니다. 매일 단어도 외우고 계속 들어요.

5 그 꿈을 이룬 내 모습을 상상해서 써요.

가끔 그 꿈을 이룬 순간을 상상해 보곤 합니다. 영상에서만 보던 음식을 직접 먹게 된다면 내 상상과 달라서 놀라기도 하고 생각보다 맛있어서 미소를 지을 것 같습니다.

나의글   제목:

1

2

3

4

5

밸런스 게임

39일차

✔ 다섯 가지 질문에 대해 나의 대답을 선택해 봐요.

예시글 ▶ 제목: 나의 다섯 가지 선택

1 토요일 점심 메뉴로? 햄버거 vs 짜장면　●실제로 경험한 일이나 선택했을 때 생길 일을 상상해서 써요.

토요일 점심 메뉴를 햄버거와 짜장면 중에서 골라야 한다면 나는 햄버거를 고를 것이다. 우리 집은 보통 토요일 아침에 라면을 먹는데 점심에 또 면을 먹으면 싫을 것 같다. 예전에 한번 아침에도 면, 점심에도 면을 먹은 적이 있는데 좀 질렸다.

2 딱 1주일의 방학이 주어진다면? 여름방학 vs 겨울방학

딱 1주일의 방학이 여름과 겨울 중 생긴다면 여름방학이 좋겠다. 나는 겨울을 싫어한다. 추위에 약해서 감기도 잘 걸리고 손발이 차가워져서 힘들다. 하지만 여름방학은 물놀이도 할 수 있고 뛰어다니기도 좋다. 활동하는 데 큰 어려움이 없다. 겨울보다 자유롭다.

3 앞으로 동물이 되어 살아가야 한다면? 돌고래 vs 독수리

동물로 살아야 한다면 나는 돌고래와 독수리 중 독수리를 선택하겠다. 하늘을 마음껏 날아다니면서 넓은 세상을 구경하고 싶다. 또 엄청 빠른 속도로 날아다니면 슈퍼맨이 된 것처럼 신나지 않을까? 높은 하늘에서 정말 땅 위의 동물이 보이는지 직접 보고 싶다.

4 1달 동안 무인도에서 살게 된다면? 요리사 vs 힘센 사람

무인도에서 1달을 살아야 한다면 나는 요리는 못해도 힘센 사람과 살겠다. 왜냐하면 아무것도 없는 무인도에서는 집도 지어야 하고 마실 수 있는 물도 구해야 하기 때문이다. 맛있는 음식보다는 살기 위해 해야 할 것들이 중요할 거다. 그러므로 힘이 센 사람이 필요하다.

5 시간 여행을 떠난다면? 과거의 어느 날 vs 미래의 어느 날

시간 여행을 할 수 있다면 나는 과거로 가겠다. 저번 내 생일로 돌아가고 싶다. 그날 친구들이 모두 나에게 축하한다는 말을 건넸고, 선물을 하나씩 풀자 전혀 예상 못했던 선물이 나와서 엄청 감동했었다. 그 감동을 또 느껴 보고 싶다.

나의 글 ▶   제목:

1

2

3

4

5

40일차 시간 여행의 문을 발견했다

☑ 과거로 돌아가 어린 시절의 선생님을 만나는 상상을 해 봐요.

예시글 ▶ 제목: 뜻밖의 시간 여행

1 과거로 떠나는 문을 발견한 이야기를 써요. ● 어디서, 어떻게 발견했을까요? 문은 어떻게 생겼을까요?

지난 일요일이었다. 오랜만에 집 앞 놀이터에서 놀다가 집으로 오는 길에 신기하게 생긴 문을 하나 발견했다. 환한 빛이 새어 나오고 있었다. 나는 문 너머에 뭐가 있는지 궁금해서 살짝 열고 들어가 봤다. 순간 내 몸이 문 속으로 쑥 빨려 들어갔다.

2 그 문으로 들어가 어린 시절의 선생님을 만나는 이야기를 써요. ● 선생님은 어떤 모습일까요? 어디에서 무엇을 하고 있었을까요?

정신을 차리고 보니 한 남자아이가 눈앞에 있었다. 자세히 보니 어디서 본 듯했다. 그렇다! 바로 내가 매일 만나는 우리 담임 선생님의 어린 시절 모습이었다! 나는 과거로 온 것이다. 어린 시절의 선생님은 작고 빼빼 말랐다. 그 아이는 지우개로 종이에 자기가 썼던 것들을 지우며 투덜거리고 있었다. 뭐가 마음대로 잘 안되는 듯했다.

3 그 아이와 어떤 대화를 하게 될까요?

나는 그 아이에게 다가갔다. "안녕? 뭐 하고 있어? 내가 좀 도와줄까?" 그러자 아이가 "어, 일기를 써야 하는데 뭐라고 쓸지 모르겠어."라고 시무룩하게 말했다. 나는 웃음을 참으며 일기 쓰는 법을 가르쳐 줬다. 선생님도 어릴 때는 우리랑 다를 게 없었다. 그게 웃겼다.

4 그 아이와 무엇을 하면서 시간을 보낼까요?

그리고 우리는 함께 숨바꼭질을 하고 놀았다. 어린 시절의 선생님은 아주 재미있는 아이였다. 귀신처럼 잘 숨었다. 나는 한 번도 못 찾았는데, 선생님은 내가 숨으면 기가 막힐 정도로 바로 나를 찾아버렸다. 선생님과 깔깔대며 웃다보니 금세 친구가 된 기분이었다.

5 다시 현실로 돌아왔을 때, 어떤 생각과 느낌이 들까요?

가야 할 시간이 된 것 같아서 다시 신기한 문을 찾아 열고 나왔다. 역시나 함께 놀던 선생님은 안 보였다. 내 얘기를 잘 들어 주던 사람이 없으니 기분이 울적했다. 하지만 어른인 선생님도 어린 시절에는 장난을 많이 쳤다는 사실을 알게 되어 왠지 즐겁기도 했다.

나의 글 ▶   제목:

1

2

3

4

5

끝말잇기로 글쓰기

✔ 끝말잇기를 하며 나온 단어 속에서 글감을 찾아 봐요.

★★★★★★
★★★★★
★★★★★★
친구의 글을
읽어 보세요!
126쪽

예시 글 ▶ 제목: 염소를 키우는 아가씨

1 혼자서 끝말잇기를 하며 단어를 써 내려가요. ● 많으면 많을수록 좋아요.

미소 – 소나무 – 무지개 – 개나리 – 리본 – 본드 – 드라마 – 마차 – 차비 – 비밀 – 밀가루 – 루비 – 비석 – 석굴암 – 암산 – 산나물 – 물김치 – 치즈

2 쓴 단어 중에 다섯 개를 골라요.

미소, 마차, 루비, 암산, 치즈

3 고른 단어들을 넣어 자연스럽게 이어지는 이야기를 만들어요. ● 단어가 등장하는 순서는 바뀌도 상관 없어요.

공기 좋고 물 맑은 초원에 미소가 아름다운 아가씨, 지혜가 살고 있었습니다. 지혜는 염소를 키워 시장에 내다 팔며 살았어요. 지혜는 계산이 빨라서 암산을 아주 잘했답니다. 아기 염소 1마리를 팔면 5000원을 받았어요. 새끼를 3마리 낳은 달에는 15000원을 벌었지요. 지혜는 열심히 아기 염소들을 키웠어요.

그러던 어느 날, 지혜는 시장에서 예쁜 루비가 박힌 머리띠를 보았습니다. 머리띠를 꼭 갖고 싶었지만 너무 비쌌어요. 50000원이나 했거든요. 아쉬운 마음으로 마차를 타고 집으로 돌아와 우리 속 염소를 세어 보았더니 고작 5마리뿐이었습니다. 아기 염소 10마리를 팔아야 머리띠를 살 수 있는데 말이에요.

그날부터 항상 밝게 웃던 지혜는 고민이 깊어져 얼굴에 그늘이 생기기 시작했어요. 지혜를 아끼던 이웃집 할머니께서 그 모습을 보고는 아이디어를 주셨습니다. "염소의 젖을 짜서 치즈를 만들어 팔면 어떠니?" 지혜는 다음 날부터 치즈를 만들기 시작했어요. 지혜가 열심히 만든 치즈는 시장에 소문이 나면서 불티나게 팔리기 시작했습니다. 지혜는 다시 환하게 미소를 지었습니다.

머리띠를 갖고 싶어 치즈를 만들기 시작했는데, 지혜는 어느새 시장에서 제일 맛있는 치즈를 만드는 기술자가 되었습니다. 물론 머리에는 예쁜 루비가 박힌 머리띠를 하고요!

나의 글 　　제목:

1

2

3

42일차 나의 책상

✔ 내 책상을 구석구석 자세히 관찰해 봐요.

예시 글 ▶▶ 제목: 나의 손때 묻은 책상

1 책상의 생김새를 자세히 묘사해요. ● 모양, 크기, 재질 등

안녕? 오늘은 내 책상에 대해 써 볼게. 내 책상은 큼직해. 옆으로는 아빠 키만 하고 앞뒤로는 내가 엎드리면 끝에 손이 겨우 닿을 정도야. 높이는 내 허리 정도야. 책상 다리는 튼튼한 철제이고, 윗부분은 나무로 되어 있어. 색깔은 연한 갈색이야.

2 책상에 무엇이 있는지 하나씩 자세하게 설명해요.

내 책상 위에는 물건이 엄청 많아. 우선 정가운데에 컴퓨터 모니터가 2대 있고, 그 밑에 독서대가 있고, 독서대 옆에는 연필꽂이가 있어. 연필꽂이 안에는 색연필, 연필, 가위, 자, 형광펜 등이 있어. 또 그 옆에는 수학 문제집과 영어 문제집, 소설책, 다이어리, 수첩 같은 것들, 그리고 색종이랑 스티커를 담아 둔 작은 종이 상자가 있지.

3 나는 책상에서 주로 무엇을 하나요?

나는 이곳에서 주로 공부를 해. 오늘도 수학 문제를 풀고 영어 단어를 외웠어. 또 책도 많이 보고, 색종이로 종이접기도 하고 색칠 놀이도 해. 가끔 혼자 간식을 먹을 때 책상 위에 두기도 해. 또 레고 조립을 할 때도 책상에서 하고.

4 책상이 말을 할 수 있다면 내게 무슨 말을 할까요?

책상은 나와 가까운 친구야. 책상이 말을 할 수 있다면 아마 나에게 '공부하느라 수고했어!'라고 할 것 같아. 어제도 자기 전까지 책 보고 문제도 풀었거든. 책상에서 누가 얼마나 열심히 공부하는지 책상은 다 알겠다는 생각을 했어.

5 책상에 대해 글을 쓰고 난 기분은 어떤가요?

이렇게 책상에 대해 자세히 적어 보니까 내 책상에게 잘해 주고 싶어. 얼마 전에 급하게 칼로 색종이를 자르다가 책상 위에 자국을 남겼는데 지금 그 일이 떠올라 갑자기 미안해졌어. 내 책상이니까 앞으론 좀 더 조심스럽게 사용해야겠어! 파이팅~

나의 글 제목:

1

2

3

4

5

학교에서 생긴 일

✔ 단어 5개로 학교에 관한 이야기를 만들어 봐요.

예시글 ▶ 제목: 엉덩이에 얼굴 박치기!

1 학교와 관련된 단어 3개를 써요. ● 학교에서 볼 수 있는 물건, 학교와 관련된 인물 등

보건실, 실내화, 교과서

2 학교와 관련 없는 단어 2개를 써요.

쓰레기, 폭탄

3 위 단어 5개를 모두 넣어, 학교와 관련된 이야기를 써요. ● 실제로 있었던 일, 지어낸 일 모두 좋아요.

지난 주 수요일, 나는 태어나서 처음으로 보건실에 갔다. 눈에 번쩍하면서 불이 났기 때문이다. 순간 앞이 하나도 안 보였는데 한참 울다가 눈을 떠 보니 보건실이었다. 다행히 지금은 괜찮아졌지만 정말 어이없는 사건이었다.

그날 나는 아침부터 바빴다. 학교 오는 길에 실내화를 안 챙겨서 집으로 돌아갔다 왔기 때문이다. 그런데 또 이번에는 교과서를 안 챙겨 온 게 생각이 난 거다. 다시 집으로 돌아가 교과서를 챙긴 후 지각을 할 수도 있겠다는 생각에 번개처럼 엄청난 속도로 학교까지 달려 교문을 통과했다.

그런데 교문을 지나 왼쪽으로 꺾는 순간, 번쩍! 폭탄이 터진 줄 알았다. 눈앞이 캄캄해지고 별 몇 개가 보이더니 그다음부터는 아무것도 보이지 않았다. 알고 봤더니 교문 앞쪽에서 쓰레기를 줍고 계시던 체육 선생님의 단단한 엉덩이에 얼굴을 꽝 부딪힌 것이다. 나는 너무 아픈 나머지 나도 모르게 엉엉 울었다.

체육 선생님은 괜찮은지 묻고 미안하다고 하셨다. 엉덩이를 너무 내밀어서 그랬다고, 경고등이라도 달았어야 했다고! 나는 내가 너무 서둘러서 그랬다고 오히려 죄송하다고 말씀드렸다.

엉덩이에 부딪혀 보건실에 가다니……

정말 충격적인 하루였다.

나의 글　　제목:

1

2

3

올해가 가기 전에

44일차

☑ 올해 미루거나 도전하지 못한 일을 생각해 봐요.

예시 글 ➤ 제목: 아빠, 약속을 지켜 주세요!

1 올해가 가기 전 꼭 하고 싶은 일은 무엇인가요?

나는 올해가 가기 전 아빠와 축구를 하고 싶다. 주말마다 무슨 일이 있어서, 여름에는 비가 와서, 겨울에는 추워서 못했다. 어떤 날은 아빠가 갑자기 일이 있어서 못 했다.

2 이 일을 꼭 하고 싶은 이유는 무엇인가요?

TV에서는 매일 축구 시합을 보여 준다. 우리나라 선수들이 해외에서 멋지게 시합을 했다는 뉴스를 볼 때마다 나는 더욱 더 축구를 하고 싶었다. 약속을 안 지킨 아빠가 밉고 속상했다. TV에서 본 드리블과 슈팅을 꼭 해 보고 싶기 때문에 축구로 결정했다.

3 이 일을 이루기 위해서 나는 무엇을 해야 하나요?

이것을 이루기 위해서는 아빠와 확실히 약속을 해야 한다. 일단 이 글을 쓰는 대로 아빠에게 바로 말을 해야겠다. 엄마가 증인이 되어 주면 좋겠다. 약속을 잡는다면 그날 날씨가 너무 춥거나 눈이 오지 않도록 기도도 해야겠다.

4 이 일을 이루기 위해서 누구의 도움이 필요한가요?

아빠의 도움이 가장 필요하다. 우선 아빠가 평일에 회사 일을 다 끝내서 주말에 일을 안 하셔야 한다. 또 약속을 꼭 지킬 마음을 먹으셔야 한다.

5 이 일이 이뤄지면 어떻게 될까요?

아빠와 축구를 하게 된다면 나는 너무 좋아서 축구를 하는 내내 웃고 소리를 지르면서 뛰어 다닐 것 같다. 계속 미뤘던 소원을 이룬 것이기 때문에 세상에서 가장 행복할 것 같다.

6 글을 쓰면서 어떤 생각과 느낌이 들었나요?

하고 싶은 일을 이렇게 글로 써 보니까 기분이 좋아진다. 이번에는 아빠가 약속을 지켜 주셨으면 좋겠다. 아빠, 우리 꼭 같이 축구해요!

나의글 >   제목:

1

2

3

4

5

6

이런 어른이 되지 않을 거야

✔ 이해하기 힘든 어른의 말이나 행동 3가지를 떠올려 봐요.

예시글 ▶ 제목: 어른들은 이해하기 힘들어

1 어른들의 이해할 수 없는 첫 번째 모습을 써요. ● 겪었던 일을 자세하게 써요.

이해할 수 없는 어른들의 행동은 참 많다. 우선, 어른들은 마음대로 할 거면서 자꾸 물어본다. 얼마 전 주말에 온 가족이 외식을 하기로 했다. 엄마가 뭘 먹을지 물어보셨는데 나는 치킨, 동생은 짜장면, 아빠는 삼겹살이라고 했다. 그런데 엄마는 이런 저런 이유로 다 안 된다고 했고, 결국 해물 찜을 먹으러 갔다. 그럴 거였으면 왜 물어보신 건지 이해가 안 간다.

2 두 번째 모습도 같은 방법으로 써요.

또, 어른들은 교통 규칙을 잘 안 지킨다. 어린이 보호 구역에서도 너무 빨리 달리고, 주차도 아무 곳에나 한다. 아이들에게는 길에서 조심하라고 하면서 말이다. 오늘 아침에도 학교 가는 길에 주황색 불인데 교차로를 지나가는 차가 있어서 깜짝 놀랐다.

3 세 번째 모습도 같은 방법으로 써요.

이것도 이해하기 어렵다. 어른들은 우리에게 싸우지 말라고 하면서 자기들끼리는 싸운다. 내가 동생이랑 싸우면 엄청 혼나는데, 엄마와 아빠는 꽤 자주 싸운다. 또 엄마는 가끔 전화로 할머니랑 싸우기도 한다. 어른끼리도 그렇게 많이 싸우는 것이 이해가 안 된다.

4 내가 만약 어른이라면 어떻게 할 것인가요? ● 내일부터 어른이 된다고 생각하고 써요.

내가 만약 어른이라면 주말 외식 메뉴는 아이들이 결정하게 그냥 두겠다. 물어본 다음 아이들이 얘기하면 그대로 따를 것이다. 또 항상 아이들을 생각해서 안전하게 운전할 것이다. 그리고 내가 싸울 만한 일이 있어도 언성을 높이지 않고 조용한 말로 잘 설득할 것이다.

5 오늘 이 글을 부모님이 보신다면 뭐라고 하실까요?

이 글을 우리 부모님이 보면 처음에는 웃으실 것 같다. 그런 다음에 왜 그런지 이유를 설명해 주고, 앞으로는 잘 지키겠다고 하실 것 같다.

나의 글   제목:

1

2

3

4

5

미래에는 아마도

친구의 글을
읽어 보세요!
127쪽

✔ 내가 어른이 되었을 때의 미래 사회 모습을 상상해 봐요.

예시글 ➤ 제목: 내가 상상하는 미래의 모습

1 미래의 학교는 어떤 모습일까요? ● 교실, 선생님, 책상, 의자, 교과서, 칠판, 연필, 지우개, 급식, 화장실 등

미래에는 약 한 알을 먹으면 모든 책의 내용이 머리에 쏙 들어온다. 그래서 공부할 필요가 없어서 학교 자체가 아예 없어질 것 같다. 그러면 지금의 학교는 아주 큰 놀이터로 바뀌면 좋겠다. 4층에서 1층까지 대형 미끄럼틀이 설치되어 타고 놀 수 있는 거다.

2 거리의 풍경과 자동차는 어떤 모습일까요?

거리에는 자동차가 모두 날아다니고 있을 것 같다. 운전할 필요도 없이 목적지만 입력하면 사고도 안 나고 편하게 도착할 수 있고, 차들이 주차도 알아서 한다. 날고 있는 자동차끼리는 마치 자석의 같은 극 같아서 가까이 가면 부딪치지 않고 오히려 멀어진다.

3 집이나 놀이터 같은 곳도 상상해 봐요.

집은 아주 간단하게 바뀔 것 같다. 큰 공간에 잠자는 캡슐 같은 것만 있고 주방이나 방은 없다. 캡슐에서 자고 나면 컨디션이 최고로 좋아지고 아픈 곳도 없어진다. 상상만 해도 설렌다.

4 그 외 평소 미래에 대해 상상했던 것들을 써요.

음식도 많이 달라질 것이다. 요리할 필요 없이 약 한 알이면 한 끼 식사를 대신할 수 있다. 하지만 이건 조금 아쉽다. 급할 때는 알약으로 대신하지만 평소에는 음식을 먹는 게 좋을 것 같다.

5 지금 당장 미래로 가서 살 수 있다면? ● 그렇게 하고 싶은가요? 이유는 무엇인가요?

미래로 지금 당장 갈 수 있다면 그러고 싶다. 특히 컨디션이 최고로 좋아지는 캡슐에서 한번 자 보고 싶다. 무엇보다도 하늘을 나는 자동차를 직접 타 보고 싶다.

6 글을 쓰면서 어떤 생각과 느낌이 들었나요?

내가 상상하는 미래는 꼭 현실이 될 것 같다. 나는 과학자가 되어 그 미래에서 행복하고 자유롭게 살고 싶다.

나의글 　제목:

1

2

3

4

5

6

47일차 크리스마스를 기다리며

✔ 지난 크리스마스와 다가올 크리스마스에 대해 생각해 봐요.

예시글 ▶ 제목: 너무너무 기대되는 크리스마스!

1 크리스마스는 어떤 날인가요? 아는 대로 써요. ● 분위기는 어떤가요? 사람들은 주로 무엇을 하나요?

몇 주 뒤면 크리스마스다. 크리스마스가 다가오면 거리는 조명이나 트리로 장식된다. 분위기도 왠지 들뜬 느낌이다. 사람들은 크리스마스에 선물을 주고받고, 케이크도 먹는다.

2 크리스마스를 기다리며 무언가 준비한 경험을 써요. ● 내 경험이 없으면 다른 사람의 경험을 써요.

우리 집에서는 올해 트리를 장식했다. 2년 전에 산 트리를 아빠가 창고에서 꺼낸 뒤 털고 닦아 주셨다. 엄마가 반짝이와 구슬 장식을 더 사오셔서, 나, 동생, 엄마, 아빠 모두 함께 장식했다. 불을 끄면 빛이 나는 게 참 예뻤다. 받고 싶은 선물도 종이에 써서 걸었다.

3 받고 싶은 선물에 대해 써요.

나는 종이에 '레고 기차를 꼭 받고 싶어요.'라고 썼다. 레고 기차는 내 두 팔을 쫙 벌린 것보다 더 긴데 블록 수가 엄청 많아서 만드는 걸 상상만 해도 행복하다.

4 가장 기억에 남는 크리스마스는 언제였나요?

작년 크리스마스는 정말 즐거웠다. 하얀 눈이 펑펑 와서 온 가족이 나가서 눈싸움도 하고 눈사람도 만들었기 때문이다. 장갑도 젖고 추웠지만 다같이 노는 게 너무 즐거웠다. 이번 크리스마스에도 눈이 왔으면 좋겠다.

5 이번 크리스마스에는 무엇을 하고 싶나요?

올해 크리스마스에는 현정이네랑 같이 펜션으로 놀러 간다. 풀에서 수영도 하고 밤새 재미있는 보드게임도 할 거다. 엄마가 보물찾기도 한다고 하셨다. 정말 기대된다.

6 글을 쓰면서 어떤 생각과 느낌이 들었나요?

이렇게 크리스마스에 대해 글을 쓰니 벌써 기분이 좋다. 크리스마스에 눈까지 온다면 진짜 행복하고 기쁠 것 같다. 어서 크리스마스가 오고, 선물도 받았으면 좋겠다.

나의글 　　제목:

1

2

3

4

5

6

놀라운 가방을 선물 받았다

48일차

✔ 마법의 가방을 선물 받았다고 상상해 봐요.

예시 글 ▶ 제목: 꺼내도 꺼내도 끝이 없는 가방

1 아래 이야기의 뒷부분을 이어서 써요. ● 가방을 받고 처음 한 행동은 무엇이고, 그때 어떤 생각이 들었을까요?

새해를 맞아 오랜만에 집에 오신 삼촌께서 선물을 주고 가셨다. 큼직한 가방이었다. 가방을 열어 보니, 그 안에는 이런 편지가 있었다. "잘 지냈지? 이 가방은 마법의 가방이야. 한번 넣은 물건은 아무리 꺼내어 써도 계속 나오지. 대신 비밀로 해야 한다. 누군가에게 말하면 마법은 사라져." 가방은 먼지가 가득하고 지저분했다. 이런 가방이 마법의 가방이라니, 믿을 수가 없었다. 그래도 혹시나 하는 마음에 스티커 한 개를 넣어 보았다. 그리고 잠시 후, 다시 꺼냈다. 그런데 이게 웬일? 가방 속에는 스티커가 그대로 남아 있었다.

2 그 다음에는 어떤 행동을 할까요? ● 그때 내 반응과 든 생각을 써요.

이번에는 지우개를 한 개 넣었다. 그리고 다시 꺼냈다. 헉, 놀라웠다. 가방 속엔 방금 넣은 지우개와 아까 넣은 스티커가 그대로 남아 있었다. 이번엔 뭘 넣으면 좋을까? 지난번 할머니께 받은 용돈을 넣기로 했다. 돈이 계속 나온다면 나는 세상에서 가장 큰 부자가 되는 거니까! 그런데 어디로 간 건지 돈이 안 보였다. 어쩔 수 없이 가방을 책상 옆에 두고 일단 학원에 갔다. 3시간이 어떻게 갔는지 모르게 안절부절하다가 서둘러 집으로 돌아왔다.

3 예상하지 못한 일, 반전을 만들어 써요.

그런데 어떻게 된 일인지, 책상 옆에 있어야 할 가방이 보이지 않는다. 침대 밑에도 옷장 속에도 없다. 어디로 간 거지? 나는 놀란 마음을 진정시키며 이 사실을 부모님께 말씀 드리기로 했다. 내 얘기를 다 들으신 부모님은 믿지 못하는 눈치셨다. 그리고는, 가방이 너무 더러워서 빨았다고 하시는 거다! 서둘러 베란다로 가 보니 정말로 가방이 물을 뚝뚝 흘리며 건조대에 축 늘어져 있었다.

4 그 사건은 어떻게 마무리될까요?

가방 속에 손을 넣었다. 가방에는 아무것도 없었다. 순간 누군가에게 말하면 마법이 사라진다던 삼촌의 편지가 떠올랐다. 나는 절망했다.

나의글 ➤　　제목:

1　　새해를 맞아 오랜만에 집에 오신 삼촌께서 선물을 주고 가셨다. 큼직한 가방이었다. 가방을 열어 보니, 그 안에는 이런 편지가 있었다. "잘 지냈지? 이 가방은 마법의 가방이야. 한번 넣은 물건은 아무리 꺼내어 써도 계속 나오지. 대신 비밀로 해야 한다. 누군가에게 말하면 마법은 사라져."

2

3

4

○학년을 마치며

✔ 올해의 학교 생활이 어땠는지 떠올려 봐요.

예시 글 ▶▶ 제목: **3학년을 마치며**

1 요즘 내 생활은 어떤지 간단히 써요.

3학년이 끝나가고 있다. 요즘은 학교를 안 가서 조금 늦게 일어나고 점심때까지 놀면서 시간을 보낸다. 오후에 피아노 학원이나 태권도에 갔다가 친구들과 놀이터에서 잠깐 놀기도 하고, 동생이랑 집 앞 마트에 가서 과자나 아이스크림을 사기도 한다.

2 이번 학년에 가장 기억에 남는 일은 무엇인가요? ● 어떤 점 때문에 기억에 남나요?

올해 가장 기억에 남는 일을 소개하자면, 선생님께서 발표를 잘하는 친구들에게 매달 선물을 주셨는데 내가 2번이나 받았던 것이다. 발표도 하고 선물도 받아서 기분이 아주 좋고 자랑스러웠다. 엄마도 정말 잘했다고 칭찬해 주셔서 기뻤다.

3 이번 학년에 아쉬웠던 점은 무엇인가요? ● 어떤 일이 있었나요? 그때 어떤 마음이었나요?

아쉬운 점은 자주 아파서 학교를 여러 번 빠진 것이다. 학교에 가지 않는 동안 너무 심심했다. 또, 우리 집에서 학교 가는 길에는 같은 반 친구가 살지 않아서 학교를 혼자 갔던 게 아쉽다. 친구들끼리 어울려서 가는 걸 보면 부러웠다.

4 이번 학년에 고마웠던 일이나 사람과 그 이유를 써요.

올해는 고마웠던 사람이 많지만, 특히 엄마가 고맙다. 아침마다 맛있는 밥도 해 주시고, 집을 나갈 때마다 잘 다녀오라고 환하게 인사해 주셨다. 또 내가 아팠을 때는 잘 돌봐 주셨다. 또 학교가 끝날 때 가끔씩 엄마가 데리러 오시면 같이 학교 앞 분식집에서 김밥도 먹고 차를 타고 가서 호숫가를 산책하기도 했다. 그럴 때면 마음이 편하고 행복했다.

5 학년이 올라가기 전 남은 기간 동안 하고 싶은 것은?

4학년이 되기 전 2월 한 달 동안 지수랑 약속을 해서 하루 종일 신나게 놀고 싶다. 실내 놀이터에 가서 술래잡기도 하고 암벽도 함께 타고 싶다. 또 엄마, 동생과 같이 뮤지컬을 보러 가거나 놀이공원에 가서 신나게 놀면 너무너무 즐거울 것 같다.

나의 글　　제목:

1

2

3

4

5

◯학년을 앞두고

50일차

✔ 다가올 새 학년 생활에 대해 상상해 봐요.

예시글 ▶ 제목: 4학년을 앞두고

1 다음 학년이 되면 무엇이 달라질까요? ● 어떤 일을 그만두고, 새로 하게 될까요? 몸은 어떻게 바뀔까요?

이제 2주 뒤면 4학년이 되어 학교에 간다. 엄마는 이제 공부도 더 많이 하고 책도 많이 읽어야 한다고 하셨다. 그래서 2월에는 수학 학원을 옮겼다. 아빠는 내가 요즘 밥을 잘 먹는다고, 키가 크겠다고 하셨다. 왠지 내 생각에도 이제 키가 많이 클 것 같다.

2 다음 학년에 기대되고 설레는 것을 모두 써요. ● 새로운 친구, 선생님, 공부, 학원, 취미 등

얼마 전 반 편성이 나왔는데 다행히 가장 친한 친구 재석이와 같은 반이 됐다. 집도 가까워서 학교 갈 때도 같이 갈 수 있고, 집에 올 때 만나서 놀다 들어갈 수 있다. 이게 제일 기대가 된다. 또 1년 동안 교실에서 같이 지낼 새 친구들은 누굴지, 담임 선생님은 어떤 분일지, 뭘 배울지도 모두 기대된다.

3 기대되는 것을 생각하면 어떤 생각과 느낌이 드나요?

재석이와 학교도 같이 가고 올 생각을 하니 안심이 된다. 친구를 새로 사귀는 게 걱정이 되었는데 잘할 수 있을 것 같다. 엄마는 공부가 훨씬 어려워진다고 하셨다. 하지만 나는 오히려 똑똑해질 수 있을 것 같고 자신감이 있어서 괜찮다. 새로운 것을 알게 되면 기쁘기도 하다.

4 긴장되거나 걱정되는 일도 써요. ● 그 일을 이겨내려면 어떻게 하면 좋을까요?

수학 학원은 조금 걱정이 된다. 몇 번 가 봤는데 좀 어려웠고 다른 친구들은 이미 친한 것 같았다. 진도도 잘 따라갈 수 있을지 모르겠다. 하지만 엄마가 잘할 수 있다고 하셨으니까, 나도 그렇게 생각하고 걱정을 좀 덜어야겠다.

5 글을 쓰면서 어떤 생각과 느낌이 들었나요?

벌써 4학년이 된다니 신기하다. 이제 고학년인 거니까, 초등학교 졸업이 얼마 안 남아서 무섭고 긴장된다. 하지만 기대되는 것도 많으니 너무 겁먹지 않고 씩씩하게 생활할 것이다. 올해 1년도 무사히 지나갔으면 좋겠다!

나의 글　　제목:

1

2

3

4

5

친구 글 읽어 보기

✔ 50일 간의 글쓰기 연습, 어땠나요? 내가 쓴 글을 쭉 다시 읽어 보세요. '내가 쓴 글 맞아?'라는 생각이 들 정도로 잘 쓴 글도 있고, 다시 쓰면 더 잘 쓸 수 있을 것 같은 글도 있을 거예요. 이번에는 친구들이 실제로 글쓰기 수업 시간에 쓴 글을 소개할게요. 친구들은 같은 주제를 보고 어떤 생각을 했는지, 또 주제에 관해 무슨 경험을 하고 그때 어떤 감정을 느꼈는지 궁금하지 않나요? 글을 읽으며 친구들의 이야기를 상상해 보세요. 얼굴은 몰라도 마치 친근한 내 친구처럼 느껴질지도 몰라요.

● 더 많은 친구들의 글은 글선생 권귀헌 선생님의 글로키움 홈페이지 '내 글 볼래?' 코너 (https://glokiwoom.com/99)에서 읽어볼 수 있어요.

● 친구들의 글은 맞춤법, 띄어쓰기, 단락 나눔 등을 다듬어 실었습니다.

3일차 내가 좋아하는 동물

제목: 내가 좋아하는 동물(한지율)

내가 좋아하는 동물은 햄스터다. 지금 내가 키우고 있는 동물도 햄스터다. 내가 햄스터를 좋아하는 이유는 조그마해서 귀엽고 걸음걸이가 총총총 다니는 것이 웃기기 때문이다. 그리고 햄스터가 내 손가락을 입으로 물 때 강아지나 고양이에게 물리는 것처럼 막 아프지도 않다.(물론 아프긴 함.)

햄스터는 색이 여러 가지다.(흰색, 갈색, 검정색) 우리 배리는 갈색이다. 가장 일반적인 색이다. 눈이 양쪽으로 뿍! 튀어나와 있고, 입이 엄청 작다. 털은 아주 보들보들하다. 햄스터는 이빨이 길다. 그리고 고양이, 강아지의 발처럼 발바닥에 말랑말랑한 젤리가 있다.

햄스터를 처음 본 건 9살 땐가? 마트에서 봤다. 그 땐 작은 통에 조그만 햄스터가 쳇바퀴를 타고 있었다. 배리와 내가 처음 만난 건 2월의 어느 일요일이었다. <동물 농장>을 보다가 다람쥐가 나와서 햄스터를 키우고 싶었다. 나와 오빠가 조르고 졸라서 지금의 배리와 크림이가 있는 것이다.

내가 배리와 대화를 할 수 있다면, 밥이 맛있는지 물어보고 싶다. 배리는 시력이 좋지 않아서 날 볼 수 없지만, 난 꼭 배리에게 물어보고 싶다.

내가 오늘 햄스터에 관해서 글을 썼다. 그 생각이나 느낌을 말하자면, 상상으로라도 배리와 얘기할 수 있어서 좋았다.

제목: 나의 단짝 하윤이를 소개합니다(김서아)

나의 단짝은 바로 나와 호흡이 척척 맞는 하윤이다. 하윤이는 이렇게 생겼다. 키가 약간 작지만 우리 반에서 가장 귀엽고, 예쁜 아이다. 머리를 반머리로 묶는 것을 좋아하고, 속눈썹이 길다. 어떤 옷을 입어도 잘 어울린다.

하윤이의 좋은 점은 나와 좋아하는 것도 비슷하고, 싫어하는 것도 비슷하다는 것이다. 우리 둘 다 고양이를 좋아하고 오이김치를 좋아하지 않는다. 내가 의견을 말하면 하윤이는 언제나 웃으면서 내 말을 잘 들어 주고 자기 의견을 말한다. 그렇게 대화하고 있으면 어느새 우리는 신나게 웃으며 놀고 있다. 또, 나처럼 그림을 그리는 걸 좋아해서 웃기는 장면을 그리다가 한참 깔깔 웃다가 종이 울릴 때가 되어야 정신을 차리곤 한다.

하윤이의 언제나 잘 웃는 모습이 나는 가장 좋다. 친구의 웃음은 나를 웃게 만드는 지름길이니까.

나의 단짝 하윤이를 생각하면 당장이라도 하윤이의 집 대문을 두드리거나 타임머신을 타고 학교로 가서 하윤이와 함께 놀고 싶은 생각이 든다. 하윤이는 내 영원한 친구가 될 것이다. 내가 하윤이의 영원한 단짝인 것처럼.

5일차 | 내가 좋아하는 장난감

제목: 내가 좋아하는 장난감(유승우)

내가 좋아하는 장난감은 카드다. 그것도 일반 카드가 아닌 마술 카드다. 1년 전 마술에 빠졌을 때 1달 용돈을 탈탈 털어 샀다. 1달 용돈이 5000 원인데 카드는 4500원이라 1달 용돈을 털어 사서 더 보람 있고 지금까지 사용하고 있다.

5학년 학예회 때 카드 마술을 했는데 인기가 많았다. 카드는 트럼프 카드고 직사각형이지만 겉이 둥글다. 카드를 펼 수도 있고 던질 수도 있다. 최근에는 유튜브를 보면서 마술하고 남는 카드로 직접 마술 도구도 하나 만들었다. 그때는 보람이 있었고 엄마한테 보여 줬는데 신기해 하셨다.

나는 이 카드의 그립감이 좋다. 다른 카드들은 딱딱하거나 잘 떨어졌는데 이 카드는 농도와 그립감이 딱 좋다. 이 카드로 마술을 할 때마다 스트레스가 풀리고 편안하다.

마술 덕분에 이 카드를 얻어 1석2조인 기분이 들었다. 왜냐하면 마술을 취미로 재미있게 하면서 카드도 얻었기 때문이다. 이제 마술을 더 많이 할 수 있어 좋다.

내 얼굴 관찰기

제목: 나의 얼굴(백민경)

오늘 책상에 앉아 내 얼굴을 봤다. 자세히 보니 나쁘진 않은 얼굴이었다. 눈은 별처럼 맑고 초롱초롱하고, 속눈썹이 길었다. 눈썹은 색깔이 아주 진했다. 코는 콧대가 조금 높고, 동글동글 예쁘고 귀여웠다. 볼은 통통했다. 입술은 두툼하고 빨간색과 핑크색이 섞인 색이었다. 이마는 넓고 매끈매끈했다. 귀는 말랑말랑하다.

내 얼굴은 전체적으로 동글동글 둥근데 나는 내 얼굴 중에서도 입술이 마음에 든다. 입술이 두툼하고, 모양이 예쁘다. 색깔도 예쁘다. 난 내 입술이 마음에 든다.

반면 코는 마음에 안 든다. 코가 동글동글 귀엽긴 하지만, 조금 더 코가 작거나 날렵했으면 좋겠다.

엄마 아빠는 내가 수지, 아이유를 닮았다고 생각하신다. 나는 사실 그렇게 생각하지는 않는다. 하지만 그런 말을 들으면 기분이 좋다. 그런 말을 듣다 보면 정말로 내 얼굴이 괜찮은가? 라는 생각을 하게 된다.

내 얼굴을 자세히 보고 있으니 그렇게 나쁘진 않은 것 같다.

9일차 | 최고의 식사

제목: 최고의 식사(장효인)

최근 내가 경험한 최고의 식사를 소개하려고 한다. 저번 주 토요일 안동 외할아버지 댁에서 외삼촌네와 우리 가족이 만났다. 정말 신이 났다.

왜 모였냐면 외할아버지께서 70번째 생신을 맞이하셨기 때문이다. 생신 상에는 왕 양장피, 쫄깃! 바삭!한 치킨, 우리 어머니께서 정성껏 하신 영양 가득 미역국, 마찬가지로 어머니께서 하신 탱탱한 잡채가 있었다. 정말 다양한 음식들이 있어서 너무 신기했다.

맛있는 음식 덕분인지 모두 환호성을 질렀다. 나와 동생은 편지를 전달했고, 어머니께서는 신발과 옷을 전달했다. 외할아버지께서 기쁜 웃음을 보이시니 나도 따라 웃음이 나왔다.

양장피는 겨자의 센 향이 났고 치킨은 바삭바삭한 소리가 났다. 미역국에는 짭쪼름한 고기도 있어서 정말 독특했다. 잡채에는 채소가 들어가 있어서 아삭아삭 너무나 좋았다. 탱탱한 당면도 잡채를 살렸다. 하지만 왕 양장피는 너무 세서 못 먹었다. 미역국을 먹다 보니 배가 너무 불러서 조금 방귀가 나왔다.

그날을 다시 떠올려 보니 정말 많은 것을 한 것 같다. 다음에도 그러한 자리가 마련되면 좋을 것 같다. 그리고 밤에는 언니, 외삼촌, 동생, 엄마, 외숙모와 수건돌리기를 하였다. 정말 정말 정말 재미있었다. 그날을 생각하니 정말 재미있다.

저녁 메뉴 추천하기

제목: 저녁 메뉴로 카레 어때요?(배해온)

저는 카레를 정말 좋아합니다. 카레에 쫄깃한 고기를 같이 넣으면 정말이지 맛있습니다. 물론 고기가 없어도 부드러운 감자와 잘 어울립니다. 카레는 김치랑 먹어도 좋습니다.

제가 정말 좋아하는 카레를 어제 점심에도 먹었습니다. 학교에 도시락을 싸 가서 먹었습니다. 아이들이 아무리 삼겹살 싸 왔다, 맛있는 걸 싸 왔다 해도 전혀 부럽지 않았습니다. 왜냐하면 카레가 말로 표현할 수 없을 만큼 맛있었기 때문이었습니다. 정말 천국에 온 것 같았습니다. 아이들은 벌써 다 먹고 놀러 나가고 저만 남았습니다. 카레를 최대한 많이 먹으려고 밥과 카레를 같이 많이 먹었습니다.

여러분도 내일 저녁에 한번 드셔 보세요. 금세 환상적인 맛에 빠져들 거예요.

두 문장으로 짧은 글 쓰기

제목: 두 문장으로 짧은 글 쓰기(허다은)

나는 어제 늦게까지 열쇠를 주머니에 넣은 채 리모컨을 손에 들고 텔레비전을 보았다. 그랬더니 아침에 일어나니 8시 40분이었다. 내가 소리쳤다. "으아아아아악! 지각이다!"

너무 급히 가서, 운동회인데 운동화를 신지 않고 나왔고, 주머니엔 아직도 열쇠가 있었다.(사실 열쇠가 아니고 동전인데, 잘못 썼다.) 결국 지각을 했고 운동회는 시작했다. 슬리퍼를 신는 바람에 모래가 엄청 많이 들어갔다. 야호! 2등이다!

그 엄청난 운동회가 끝나고 급식실로 가는데 길에 숟가락이 나뒹굴었는데, 새가 주워서 둥지를 만드는 데 썼다. 밥은 운동회 한 걸 알았는지 케이크 1조각(겨우)이 나왔다!

그리고 집으로 가기 전, 선생님께 꾸중을 들었는데, 무슨 내용이게, 맞혀 봐! 맞아! 바로바로……. 다신 지각하지 말라는 내용이었어. 뭐, 장담할 순 없지만 노력해 보겠다고 했지.

그리고 집으로 나서려는데 눈앞에 1000원에 싸인 500원 동전이 떨어지지 뭐야? 앞에 놓인 길을 보니까 죄다 그랬다. 하지만 다른 사람들은 그걸 못 보는 것 같았다. 그래서 생각했다. "앗싸! 난 부자다!"

와, 엄청 이상한 하루였어. 뭐, 그래도 해피 엔딩이니까, 괜찮아. 다시 생각해도 신난다! 2등이라니!

여행 가는 날 생긴 일

제목: 해외여행 가는 날(정오택)

드디어 여행 가는 날 아침! 우리는 일찍부터 준비를 마치고 공항으로 가기 위해 집을 나서려는데 엄마가 갑자기 놀러 가면 배고프다고 반찬이랑 식재료를 계속 가방에 쑤셔 넣었습니다. 심지어 과자도 다른 가방에 계속 집어넣었습니다. 그래서 공항에 가는 시간이 늦어버렸습니다.

공항에 도착한 우리는 드디어 비행기에 올라탔습니다. 비행기가 하늘로 올라가니 마음이 상쾌해졌습니다. 그런데 문제가 생겼습니다. 비행기 안에 도둑이 있다는 것입니다. 사람들의 물건이 어느 순간부터 사라지기 시작했습니다. 사람들이 도둑을 찾으려고 해도 너무 은밀해서 실패했습니다. 도둑은 엄마 근처까지 왔습니다. 그리고 엄마의 최고의 간식인 초콜릿을 뺏는 순간, 어떤 묵직한 팔이 도둑을 눌러버렸습니다. 도둑이 위를 올려다보니 어떤 통통한 사람이 서 있었습니다. 그 사람은 바로 엄마였습니다.

도둑은 화나서 칼을 꺼내 엄마를 향해 내리쳤습니다. 그런데 칼은 엄마의 손에 탁 잡혀버렸습니다. 도둑이 당황한 사이에 엄마는 도둑을 비행기 천장으로 던져버렸습니다. 그 힘이 어찌나 세던지 도둑은 비행기 천장을 뚫어 하늘로 날아가버렸습니다. 그 장면을 보고 있던 승객들은 엄마를 향해서 "만세! 도둑을 잡았다!"라고 외쳤습니다. 우린 그렇게 즐거운 해외여행을 시작했습니다.

28일차 나에게 공부란?

제목: 공부는 밧줄 같아요(김수아)

저는 공부가 싫습니다. 앉아 있으면 아무리 대낮이어도 졸음이 밀려옵니다. 그냥 침대에 누워서 자고 싶기도 하고요. 그냥 아무것도 안 하고 싶기도 하고요.

공부를 하기 싫은 3가지 이유는 첫째, 공부를 하면 시간을 너무 많이 씁니다. 그래서 공부를 다 끝내면 자야 해서 내가 하고 싶은 걸 못합니다. 둘째는 공부를 하는데 어려운 문제가 나오면 머리가 팽팽 돕니다. 그러다 엉뚱한 답을 써서 엄마에게 혼납니다. 세 번째는 손에 땀이 너무 많이 나기 때문입니다. 손에 땀이 많이 나면 끈적끈적하고 종이가 젖습니다. 그러면 불쾌해서 더 하기가 싫습니다.

공부는 밧줄과 비슷합니다. 공부라는 밧줄이 단단하게 나를 옭아매서 빠져나오지 못합니다. 공부를 하면 빨리 끝내고 싶어서 안절부절 못합니다.

오늘 이렇게 공부에 대해 글을 써 보니 공부에 대해 안 좋은 점만 썼다는 겁니다. 사실 공부를 다 끝냈을 때 이런 문제를 풀었다는 자랑스러움과 뿌듯함이 밀려와서 아주아주 기쁩니다. 저에게는 공부가 싫지도 않고 좋지도 않은 묘한 존재입니다.

31일차 실수했던 날의 기억

제목: 실수했던 날(호두작가 김주하)

이번 주 일요일에 콩쿠르에 갔다. 4달 동안 연습해서 나갔다. 너무 떨렸다. 나는 마음을 진정할 때 숨을 들이마셨다, 내쉬었다를 두 번 했다. 들어갔다.

피아노를 치다가 제일 어려워하는 부분에서 아주 크게 틀리고 멈칫했다. 너무 창피했다. 그때는 괜찮아 라고 계속 마음을 다독였다. 실수한 다음에 다시 쳤다. 나는 내 자신을 다독이면서 피아노 연주를 무사히 마쳤다.

다시 엄마께 갈 때 아직 여운이 남았나 보지. 다리가 떨렸다. 그래도 무사히 마칠 수 있어서 좋았다.

그때를 떠올리면 실수했지만 자랑스러웠다. 왜냐하면 콩쿠르에 나간 것만해도 자랑스러웠기 때문이다. 첫 콩쿠르라 틀리기도 했지만 그래도 그게 추억 같았다. 틀렸지만 엄마 아빠가 너무 잘했다고 해 주셔서 기분이 바이킹 줄 안 서고 탄 느낌처럼 좋았다. 실수한 것도 추억 같다.

 **38일차** # 내 꿈을 꼭 이룰 거예요

제목: 저는 스포츠 분석가입니다(장우원)

제겐 꿈이 있습니다. 스포츠 분석가가 되겠다는 꿈입니다. 선수, 팀, 능력을 분석하며 사람들에게 도움을 주고 싶습니다. 이 멋진 직업은 그다지 유명하지 않습니다. 이 멋진 직업을 사람들에게 알리고 싶습니다.

예전에 '머니볼'이란 영화를 보게 되었는데 주인공은 철저히 통계와 데이터, 수학만으로 선수들을 평가, 영입하여 돈 없는 꼴찌 팀을 리그 우승 팀으로 만들었습니다. 그것이 너무 멋졌고 저도 그렇게 되고 싶었습니다. 그래서 학교에서도 친구들에게 제 꿈은 스포츠 분석가라고 말했는데 친구들은 그게 뭐냐면서 생소해했습니다. 그래서 전 스포츠 분석가가 되는 것에 그치지 않고 더 나아가 많은 사람들에게 이 직업을 알리고 싶습니다.

이 꿈을 이루기 위해선 통계학과 분석학에 대해 공부해야 할 것 같고 또 영어를 알면 편리할 것 같습니다. 왜냐하면 스포츠 용어는 대부분 영어에 기초해 있기 때문입니다. 그래서 전 지금 영어를 열심히 공부하고 있고 또 스포츠 경기도 챙겨 보고 있습니다.

영화에서 보던 일을 제가 하고 있다면 참 행복할 것 같습니다. 이런저런 정보와 데이터, 통계를 모아 결론을 내면 기쁘고 보람찰 것 같습니다. 스포츠 분석가가 된 저를 오늘도 상상하며 행복한 하루를 보내 봅니다.

41일차 끝말잇기로 글쓰기

제목: 사자의 피곤한 기차 여행(허다연)

사자—자전거—거미—미라—라디오—오이—이사—사과—과일—일기—기차—차도—도라지—지리—리어카—카드—드라이기

옛날 옛적에 사자가 살았어. 사자는 기차를 타고 여행을 가고 있었지. 사자는 심심했어. 그런데 사자가 깨달았어. 라디오를 놓고 온 것을! 사자는 음악이 없어서 심심했던 거야. 그래서 곧바로 기차 기사님께 기차를 세워서 문을 열어 달라고 하고 얼른 집으로 뛰어서 라디오를 챙겼어. 지금은 2시야. 다음 기차는 3시 30분에 온대! 그래서 1시간 30분이나 기다렸어. 드디어 기차를 탔어. 기차를 타고 가고 있었어. 배가 너무 고팠어. 사자는 또 깨달았어. 사과를 놓고 온 것을! 그래서 또 기사님께 기차를 멈춰 달라고 해서 집에 가서 사과를 가져왔어. 지금은 4시인데 다음 기차는 말도 마. 6시야! 사자는 6시에 기차를 타고 사과를 먹었어. 배가 불렀어. 기차 안에는 샤워실이 있었어. 사자는 샤워를 했어. 갈기를 말리려는데 드라이기가 없는 거야. 한번 더 기사님께 기차를 세워 달라는 게 너무 미안했지. 그래서 결국 드라이기로 머리를 못 말리고 축축하게 있었단다. 결국 저녁에는 감기까지 걸렸어. 사자는 진이 빠졌어. 아주 그냥 몸이 문어처럼 흐물흐물해졌다니까. 이번 여행은 최악이었어!

46일차 미래에는 아마도

제목: 내가 상상하는 미래(조다온)

세상은 엄청 빠르게 변한다고 하는데 15년 뒤에는 어떤 모습일까? 먼저 학교를 상상해 보자. 미래에는 선생님은 2개의 폰을 가지고 다닐 것이다. 1개는 선생님의 개인 일을 할 것이다. 또 1개의 폰은 우리를 가르치는 용도로 사용된다. 선생님은 선생님 폰의 화면을 공중에 띄워서 공유한다.

또 급식 시간은 가장 기대되는 시간이다. 우선 선생님께서 사탕을 나누어 주신다. 이 사탕은 평범한 사탕이 아니다. 이 사탕을 먹으면서 자신이 먹고 싶은 음식을 떠올리면 직접 먹는 맛이 난다. 사탕을 다 먹으면 식사 끝!

공부가 끝난 뒤엔 인사하고 나가면 교실 인원 수만큼 로봇이 서 있다. 로봇은 내 집 주소를 물어본다. 그 다음에 그곳과 연결되는 포털을 만든다. 그리고 나는 포털로 뛰어든다. 그럼 집에 도착한다.

또 미래에는 차들이 포털을 통해 오갈 것이다. 우선 차에 타서, 시동을 걸고 목적지를 선택한다. 그다음에 포털이 그려진 버튼을 누른다. 그러면 자신이 선택한 목적지와 연결되는 포털이 생긴다. 그러면 자동차가 포털 안으로 들어간다. 목적지에 도착하면 차를 하늘에 주차하고, 사다리를 타고 내려온다. 갈 때도 똑같이 한다.

내가 이 세상에 살고 있다면 정말 편안할 것 같다. 미래에 이것이 안 되더라도 과학자가 되어 꼭 이루고 싶다.

작은 꾸준함으로 커다란 실력을 완성하는 서사원주니어

\<완주\> 시리즈

초등 맞춤법
50일 완주 따라쓰기
기초 편

권귀헌 지음 | 152쪽 | 12,800원

**어휘력 · 문장력을 키워
맞춤법 기초 완성!**

초등 교과서 속 1,000 단어 따라 쓰기로
맞춤법 자신감을 키우고 글쓰기의 기초를 다져요.

초등 맞춤법
50일 완주 따라쓰기
심화 편

권귀헌 지음 | 168쪽 | 12,800원

**문해력 · 독해력을 높여
맞춤법 달인이 되자!**

자주 헷갈리는 단어와 띄어쓰기를
집중적으로 쓰고 익히며 맞춤법을 완성해요.

누구나 쓰게 하는 대한민국 글선생 권귀헌 작가의

\<글공부\> 시리즈

초등 글쓰기 비밀 수업

권귀헌 지음 | 232쪽 | 14,000원

**전국 학부모와 선생님이 극찬한
최고의 글쓰기 책!**

글짓기가 아닌 글 놀이로, 아이의 생각과 감정을
열어 주는 글쓰기 비법을 공개합니다.

엄마의 글쓰기

권귀헌 지음 | 288쪽 | 16,000원

**잊고 있던 나를 마주하는
하루 5분, 일상 인문학**

편안한 마음으로 일단 끄적여 보세요.
무의미하고 숨 막혔던 일상이 새롭게 다가옵니다.